AF130515

Sind wir verloren?

Pierre Mollet

Sind wir verloren?

**Die nächsten zweihundert Jahre aus
der Sicht der letzten zwanzigtausend**

Bibliografische Information der Deutschen Nationalbibliothek.
Die Deutsche Nationalbibliothek verzeichnet diese Publikation in der
Deutschen Nationalbibliografie; detaillierte bibliografische Daten sind
im Internet über http://dnb.dnb.de abrufbar.

© 2024 Pierre Mollet
Satz, Umschlaggestaltung, Herstellung und Verlag: BoD – Books on
Demand, Norderstedt
ISBN 978-3-7583-5381-9

Inhalt

Zum Autor – Homo Universalis

Das Leben von Pierre Mollet verläuft in Phasen. Während der ersten Phase arbeitete er in der Forschung und widmete sich der Strahlenbiologie und der erbschädigenden Wirkung von Chemikalien. Trotz zahlreicher Publikationen fanden Leistung und Engagement wenig Anerkennung, sodass Mollet letztlich die Forschung verliess. Erst 2015 wird er mit Genugtuung auf seine Forschungstätigkeit zurückblicken – als der Nobelpreis an drei Forscher vergeben wird, die sich desselben Themas angenommen hatten wie Mollet 37 Jahre zuvor.

In einer zweiten Phase nutzte er die verschiedenen Ausbildungen, die er zuvor absolviert hatte, für seine Lehrtätigkeit. Mollet unterrichtete Naturwissenschaften an verschiedenen Gymnasien und an einer Pädagogischen Hochschule. Gleichzeitig interessierte er sich für Handwerk, Musik, Literatur, Design, Zeichnen, Politik und Familienleben. In dieser Zeit besuchte Pierre Mollet auch die Jazzschule Luzern. Damit war der Grundstein gelegt für den nächsten Lebensabschnitt, in dem er als Saxophonlehrer arbeitete und sich seiner Familie mit Kindern und Pflegekindern widmete.

Eine weitere Wende wurde 2008 eingeleitet durch die Gestaltung seiner Website «Biosophie.tv». Sie ist eine Bilanz zu seinem Leben und seiner Weltanschauung. Anschliessend widmete er sich wieder der Musik. Er zeichnete rund 400 Aufnahmen auf und gestaltete zu 40 Titeln Musikvideos, die auf Youtube publiziert wurden. Im Herbst 2023 schliesst er diese Reihe ab und wendet sich einem neuen Projekt zu, einem Essay mit dem Titel «Sind wir verloren?». Die englische Übersetzung mit dem Titel «Are we all doomed?» entsteht 2024 während eines mehrmonatigen Aufenthalts in London.

Einleitung und Übersicht

Dieses Buch lädt dazu ein, unsere heutige Situation und die Konsequenzen unseres Handelns mit einem Rückblick auf die Geschichte der Menschheit zu betrachten. Schauen wir genau hin, ist offensichtlich, dass sich viele Begebenheiten wiederholen. Ein Lerneffekt stellt sich nicht ein. Im Gegenteil. Bei allen Fortschritten, welche die Menschen im Laufe der Zeit erzielt haben, verdrängen sie gerne das Auftreten von Nachteilen. In diesem Buch werden im Detail wichtige Entwicklungen aufgezeichnet. Es werden deren Vor- aber auch Nachteile aufgezeigt. Die Menschen haben immer erreicht, ihre Situation zu verbessern. Gleichzeitig haben Visionäre immer wieder bemerkt, dass der sogenannte Fortschritt auch negative Folgen für den Planeten Erde hat. Zwar haben die Menschen mit ihrer Intelligenz bewiesen, wie innovativ sie sein können. Bei einer umfassenden Betrachtung aber ist ebenso offensichtlich, welche Meister der Selbsttäuschung wir Menschen sind. Wichtig bei der Analyse ist, in grossen Zeiträumen zu denken. Der Zeithorizont für seriöse Analysen beträgt tausende von Jahren. Bei Kurzsicht kommt man auf beängstigende Prognosen für den Fortbestand der Menschheit. Dabei darf nicht unterschlagen werden, dass jeder Katastrophe auch ein Neubeginn innewohnt. Mit Blick aus dem Kosmos ist die Entwicklung der Menschheit lediglich eine der Möglichkeiten wie Leben entsteht. Die Menschen selbst können bei Umsicht erreichen, dass ihre Entwicklung einen positiven Ausgang nimmt. Aus dem Jenseits, dem Weltall, dem Kosmos und der Unendlichkeit der Zeit betrachtet, ist es nicht wichtig, ob und in welcher Richtung sich Leben entwickelt. Wenn auf dem Planeten Erde eine Entwicklung geschieht, die das Ende der Menschheit bedeutet, ist zu bedenken, dass es noch Milliarden von Planeten gibt, auf denen Leben in welcher Richtung auch immer entstehen kann. Was aber auf Erden geschieht, davon handelt dieses Buch.

1. Grundlagen

1.1 Die Ur-Erkenntnis

Seit 2,4 Millionen Jahren gibt es Menschen auf der Erde.[1] Dabei waren sie so innovativ, dass sie ihre Lebensweise durch Erfindungen schon immer zu verbessern wussten. Gleichzeitig haben Visionäre aber auch ein Ende dieser Art der Entwicklung prognostiziert. Letzteres verdrängen die Menschen gerne, weil sie mit ihrer Intelligenz auch Meister der Selbsttäuschung sind. Darauf werde ich in diesem Essay vielfältig zurückkommen

Dass Menschen, die Gegenseite des sogenannten Fortschritts erkannten, ist klar ersichtlich. Das ist Inhalt der Überlieferungen von Gilgamesch, Arche Noah, oder Nostradamus, generell von der Ahnung einer Apokalypse und/oder von einem Jüngsten Gericht. Wenn von Weltuntergang geredet wird, ist zu klären, was wir Menschen als Welt verstehen. Die täuschende Gleichsetzung von Welt und Erde zeigt typisch welches Selbstbild die Menschen im Lauf der Zeit kreiert haben. Sie seien das Höchstentwickelte, das Überragende, was entstehen kann. Dies obwohl die Menschen allmählich entdeckt haben, dass die Erde nicht Zentrum der «Welt» ist, auch nicht unsere Sonne und auch nicht unsere Galaxie. So ist es auch eine Selbsttäuschung, den Weltuntergang gleichzusetzen mit

---

[1] Allerdings findet man bei jedem Forscher/Autor eine andere Zahl. Parzinger z.B. sieht den Anfang des Menschen «vor 2,7 Millionen Jahren» Quelle für die hier genannte Zahl: Brockhaus digital, Artikel: «Homo rudolphensis»

dem Ende des Planeten Erde oder der Menschheit. Im selben Masse vermessen ist es, den Zeithorizont auf die Dauer eines Menschenlebens zu beschränken. Im Gegensatz dazu ist die Zeit im Kosmos eine Ewigkeit oder, wie später erläutert wird, Zeit gibt es nicht – nur ein ewiges Pulsieren.

Zur Selbsttäuschung folgen später viele Beispiele, zwei seien hier schon erwähnt:

- Menschen im Alltag unterliegen dem Problem der Selbsttäuschung. Oft verurteilen sie eigennütziges Handeln sollten sie aber selbst uneigennützig sein, handeln sie oft so wie diejenigen, über die sie sich empören.
- Die meisten Menschen setzen Weltuntergang gleich mit dem Ende der Menschheit und/oder dem Ende des Planeten Erde.

Ich entwerfe hier ein Bild der Wissenschaft und des Kosmos jenseits von wissenschaftlichen Beweisen. Damit weise ich auf eine Sicht hin, wie sich eine Erkenntnis ausserhalb von materiellen Beweisen, ausserhalb von heutiger Wissenschaft, Technik und Philosophie entwickeln kann. [2]

---

[2] Siehe auch Fussnote im nächsten Kapitel zu Paul Feierabend und Thomas Kuhn

Stellung der Wissenschaften; speziell der Naturwissenschaften

Die heutigen Wissenschaften prägen unsere Weltanschauung. Dies vor allem in jenen Staaten, die das Weltgeschehen dominieren. Rückblickend ist allerdings ersichtlich, dass Wissen immer wieder korrigiert wird, was bedeutet: Die Weltbilder verändern sich. So etwa vom menschenzentrierten Bild der Erde, um die sich alles dreht, zur heutigen Vorstellung der Astronomie. Einerseits richten sich also die Wissenschaften nach den vorherrschenden Ideen – es wird gefunden, was man sucht. Andererseits wurden und werden neue, intuitive, aussergewöhnliche oder visionäre Vorstellungen von der universitären Wissenschaft sehr lange nicht beachtet. Leider beteiligen sich viele Wissenschaftler unbewusst daran, eine Privilegien-Gesellschaft zu fördern. Mit einem Augenzwinkern – auch ich finde, was ich suche.

Die Gesellschaft wird in einem langen Prozess mit vielen Mitteln beeinflusst, ja konditioniert. Der Glaube an Experten wird etabliert. Mit ihrer Sprache erzeugen die Wissenschaftler oft ein modernes Analphabetentum. Das gilt auch in anderen Sparten wie Wirtschaft, Geldwesen, Medizin, Informatik. Selbstständigkeit im Denken erhält einen geringen Stellenwert oder wird gebremst. Das ist deshalb kontraproduktiv, weil einige Menschen immer wieder zeigen, wohin eine Entwicklung gehen könnte, würde sie auf Einsicht beruhen. Echte Förderung des Menschen hiesse, dessen Selbständigkeit, Entscheidungsfähigkeit, Selbstwertgefühl zu stärken. In Schullehrplänen sind zwar solche Ziele gesetzt, die Realität und das Resultat der Bildung sehen jedoch anders aus. Wie viel wird allein mit dem Kopf gelernt, wie wenig das Erleben und Erfahren gefördert? Was alles wird in unser Hirn gepresst, wie wenig wird Raum gegeben für ganzheitliche Erfahrungen? Auch an Details lässt sich das beobachten: Schule im Stundenhack, Abbau von Fächern wie Musik, Werken, Hauswirtschaft, Turnen, Zeichnen, welche sinnliches Erleben ermöglichen. Letztlich werden damit wie seit Jahrtausenden die Privilegien von wenigen gefördert – ich nenne es Privilegien-Wirtschaft. Dass es auch anders orientiere Schulen gibt, bestätigt, dass es immer Menschen gibt, die sich dem herrschenden System entziehen wollen. Ein Weltbild, das nicht wissenschaftlich belegt ist, kann genau so richtig sein, wie das gerade dominierende. Hier zwei Beispiele, auf die ich später genauer eingehen werde. Erstens: Galileo Galilei vertrat gegen die Lehrmeinung der Kirche die heute gültige Beziehung zwischen Erde und Sonne. Zweitens: Die Entdeckung des genetischen Codes datiert nicht vom letzten Jahrhundert, sondern ist 4000 Jahre alt. Mit meinen Vorbehalten zur heutigen Wissenschaft bin ich nicht allein. Die gab es immer wieder und sie wurden im letzten Jahrhundert insbesondere von Paul Feierabend und Thomas Kuhn vertreten.[3] Interessant ist, dass Isaac Newton, der weltberühmte Physiker, für das Jahr 2060 das Ende der Welt verkündete. Es wird behauptet das entbehre jeder wissenschaftlichen Grundlage. Aber das ist nicht wichtig, es zeigt, dass auch andere als wissenschaftliche Methoden zur Vorhersage herangezogen werden können. Zudem

---

[3] Paul Feierabend, Wider den Methodenzwang. Thomas Kuhn, A structure of scientific revolution. .

weist es darauf hin, dass sogar Newton das Ende der Welt mit dem Ende des Planeten Erde verwechselte

Auch meine Vorstellung vom Jenseits[4] gehört in diesen Bereich, sie wurde zur Gewissheit ohne wissenschaftlichen Beweis. Wenn ich im Folgenden andere, weniger etablierte Meinungen vertrete, tue ich das bewusst. Ich werde nicht immer zitieren, wer, wo, was publiziert hat. Zudem sind Quellen heute durch das World Wide Web mit Leichtigkeit zu finden. Ich weiss, dass meine Vorstellungen durch ein geistiges Kollektiv kreiert oder inspiriert werden. Man kann es auch das kollektive Unterbewusste nennen oder, wie ich später darlege: Verbindung zum Jenseits.

Astronomie: Vorstellungen des Weltalls im Wandel
Menschen haben sich immer am Himmel orientiert, früher vielleicht mehr als heute – oder eben auch anders. Jedenfalls haben Visionen die gleiche Berechtigung wie die heute geltenden Vorstellungen vom Weltall. Erinnert sei an die mittelalterliche Darstellung des Himmelsgewölbes. Sie war damals so wahr, wie unsere Vorstellung für uns heute wahr ist. Ein Bezug dazu wird in Kapitel 5.1 in «Jenseits der Sonne» hergestellt. Die Menschen im Mittelalter sahen die Erde als Mittelpunkt des Universums. Alles drehte sich um sie: Mond, Planeten, Sonne, Sterne. Dieses Bild stellte den Menschen ins Zentrum. Ich behaupte, diese Vorstellung prägt – wenigstens ideologisch – immer noch unsere Gesellschaft.

Die moderne Astronomie entwickelt ein ganz anderes Bild.

---

[4]   Siehe Kapitel 5.1 Nahtoderfahrung

Wie im Kapitel «Stellung der Wissenschaft» erwähnt, stelle ich es so dar, wie es mir entspricht, ohne Anspruch auf Wissenschaftlichkeit.

Das UNIversum: Die Erde ist einer der Planeten, die um unsere Sonne kreisen. Die Sonne ist eine unter tausenden von Sonnen im Spiralnebel unserer Milchstrasse. Die Milchstrasse ist eine unter tausenden von Galaxien des Universums. Galaxien die mit ungeheurer Geschwindigkeit immer weiter auseinanderdriften. Es existieren auch schwarze Löcher. Die Expansion des Universums hat dann ein Ende, wenn die Zentrifugalkräfte, die von einem Urknall herrühren, kleiner werden als die Massenanziehungskräfte.[5] Das Universum wird, statt sich auszudehnen, sich zusammenziehen, letztlich zu einem Schwarzen Loch. Unser Universum ist ein pulsierendes Gebilde, das sich im Moment in Expansion befindet.

Das MULTIversum: Die Schwarzen Löcher, die im Weltall entdeckt wurden, sind die Zeugnisse von anderen (UNI) Versen. Neben unserem Universum gibt es tausende andere pulsierende Gebilde, ich nenne sie PULSADEN. Oder anders ausgedrückt, das Universum ist nur eine Pulsade neben tausenden, die im MULTIversum existieren.

Pulsieren ist das Wesen des Wunders im Kosmos. Es gibt keinen Urknall, sondern explodierende Systeme, die danach wieder zusammenfallen. In diesem unendlichen Rhythmus und endloser Zeit ist Entwicklung von Leben

---

[5] Wir reden von Urknall, weil wir mit dem «UNIversum» uns auf das eine beschränken wollen.

tausendfach möglich. In dieser zeitlosen Dimension ist der Mensch ein allerwinzigstes Stäubchen. Es gibt kein UNIversum, wie der Mensch es in seiner ichbezogenen Vorstellung gerne hätte, sondern ein MULTIversum. Tausende von Galaxien entstehen und verschwinden wieder in schwarzen Löchern, aus denen wieder neue Galaxien entstehen. Darin gibt es Milliarden von Planeten, auf denen eine andere Entwicklung von Leben möglich ist – eine, in der dem Jenseits mehr entsprochen wird als im heutigen Weltbild der Erdenmenschen. Die Seelen finden darin mehr Bestätigung als die Materie! Mit der Existenz von sogenannter Antimaterie wächst die Wahrscheinlichkeit, dass irgendwo Bedingungen für materielles Leben herrschen, ins Unendliche.

Astrologie

Dass Zusammenhänge zwischen dem Kosmos und irdischem Leben möglich sind, wurde immer schon erwägt. So entstand die Theorie eines Zusammenhangs zwischen Sternkonstellationen und der Geburt. Diese wird bezweifelt, weil vielfach die Deutung nicht stimmt. Eine mögliche Erklärung wäre, dass man in der Astrologie als Referenzpunkt die Geburt nimmt. Dieses Ereignis steht nicht am Anfang – am Anfang steht die Zeugung. Dies ist wiederum der Zeitpunkt, in dem das Jenseits verlassen wird. Im später beschriebenen und mit einem Video-Song wiedergegebenen Nahtoderlebnis «Jenseits der Sonne» ist offensichtlich, wann das Leben – also die Materialisierung einer Seele – beginnt. Mit dem wirklichen Beginn des Lebens als Referenz ist wahrscheinlich die Ungenauigkeit der Sternbilddeutung kleiner als mit dem Bezugspunkt Geburt.

1.2 Die Erfindungen der Menschen und ihre Auswirkungen

Jede Entwicklung hat Vor- und Nachteile. Davon sind die von Menschen induzierten Entwicklungen nicht ausgenommen. Das hatte zwei Konsequenzen. Erstens: Neue Errungenschaften können dazu genutzt werden, sie gegen andere Menschen einzusetzen. Aus Jagdgeräten wurden Waffen, aus Fahrzeugen wurden Panzer, aus Flugzeugen wurden Bomber, die Entdeckung der Atomkraft führte zur schrecklichsten Vernichtungswaffe. Zweitens: Jede Veränderung der Lebensweise hat Vorteile, aber auch Nachteile. Wenn die Vorteile nicht allen gleichermassen zukommen, wird ein Teil der Menschen benachteiligt; es entsteht, was ich Privilegien-Wirtschaft nenne. Tatsache ist: Bei jeder Erfindung oder Entdeckung haben die Menschen die Vorteile NICHT allen Menschen gleichermassen zuteilwerden lassen.

Einige Errungenschaften und die daraus entstehenden Dilemmata sind hier aufgelistet:

Evolution zum Homo sapiens im Vergleich zu seinen nächsten Verwandten versus Verlust von Sensibilität

Entstehung von Sprache versus Verstehen untereinander mit allen Sinnen

Nutzung von Feuer versus Gefahr des Feuers

Erfindung von Werkzeugen versus Waffen

Sesshaftigkeit versus Nomadenleben

Erfindung von Geld anstatt Tauschhandel versus Horten von Geld

Erfindung des Rades versus Anwendung in einem Krieg

Erfindung der Schrift versus «Fake News»

Entstehung der Demokratie als eine Erfindung der Griechen versus der Tatsache, dass die Macht nur verschoben, aber nicht allen Menschen zuteil wurde.

Erfindung des Buchdrucks versus Analphabetismus

Erfindung von Techniken wie a) Nutzung von mechanischen Gesetzen, b) Ausnützen der Naturkräften Wind, Wasser, Erdwärme, Sonnenenergie versus Erfindung von Maschinen, die nicht von Muskelkraft oder regenerierbaren Quellen angetrieben werden, sondern von nicht regenerierbaren Ressourcen wie Kohle, Öl, Gas, Uran

Aufklärung der Erbschrift und der Technik zur Veränderung des Erbguts (CRISPR/Cas) versus Probleme bezüglich Ethik und Eugenik

Erfindung von Informationstechnik (kurz IT) und künstlicher Intelligenz (KI) versus Bewunderung von natürlichen Vorgängen

In ihrem Glauben an den sogenannten Fortschritt meinen die Menschen, ihre Entdeckungen seien neu, beruhten auf einmaliger Erkenntnis und hätten nur Vorteile. Die Gesetze der Natur, des Kosmos sind unumstösslich und haben zudem das wunderbare Potenzial für Veränderungen. Vorerst als Vor- oder Nachteile scheinende Veränderungen sind Inhalt dieser Gesetze, denn eine veränderte Balance wird durch die Natur selbst ins Lot gebracht. Eindrückliche Beispiele für diesen Prozess sind die autonomen Heilungskräfte wie Reparatur des Erbguts, Wundheilung oder Reparatur von Knochenbrüchen. Teile der Gesetze des Kosmos werden von den Menschen lediglich entdeckt und nachgeahmt. Verglichen mit den natürlichen Lösungen sind jene durch Wissenschaft und Technik stümperhaft. Man vergleiche etwa das Fliegen der Vögel mit dem Fliegen eines Flugzeugs oder die Fortbewegung eines Autos mit jener bei Lebewesen. Es gibt viele solcher Beispiele, nicht zuletzt die Erkenntnis, dass wir weit davon entfernt sind, mit IT, selbst KI, je die Leistung eines Gehirns zu erreichen.

Einige Beispiele menschlicher Errungenschaften und der dabei entstehenden Probleme werden hier eingehend beleuchtet.

1.2.1 Der Übergang vom Nomadenleben zur Sesshaftigkeit

Die Entwicklung vom Nomadentum zu einem sesshaften Leben erlaubt es den Menschen, weniger Land in Anspruch zu nehmen und Nahrungsmittel in grösserer Menge zu gewinnen. Das wird noch verstärkt, indem die Menschen durch die Selektion bei Pflanzen und Tieren die Erträge vergrössern. Ich weise auf ein Phänomen hin, das bei jeder Entdeckung durch die Menschen auftritt. Die Entwicklung hat Vor-, aber auch Nachteile. Positiv ist, dass ein grösserer Ertrag auf weniger Raum erzielt wird. Der Vorteil des höheren Ertrags hat jedoch dazu geführt, dass letztlich den Nomaden immer mehr Land weggenommen wurde. Heute wird ein kleiner Ausgleich erreicht, indem Reservate ausgeschieden werden. Eine Rückkehr zur ursprünglichen Gewinnung von Lebensmitteln wäre angesichts der heutigen Bevölkerungsdichte nicht möglich. Das würde zu einer prekären Knappheit an Nahrungsmitteln führen. Zudem würden Verteilungskämpfe generiert. Schon jetzt besteht das Problem des Hungers auf der Erde, weil es keine ausgeglichene Verteilung von Nahrungsmitteln gibt.[6] Vielmehr sind es die dominierenden Gesellschaften, die einen Ausgleich verhindern. Der Vorteil der heutigen Nahrungsmittelproduktion erzeugt noch ein anderes Problem. Wenn die grösseren Erträge nur mit nicht erneuerbarer Energie möglich sind, fördert es die Klimaerwärmung und reduziert die Biodiversität. Die Gewinnung von Nahrungsmitteln durch die Menschen muss so gestaltet werden, dass

---

[6] Berichte über den Hunger auf der Erde der UNHCR, United Nations High Commissioner for refugees.

es dem Gleichgewicht der Natur nicht schadet. Wenn etwa behauptet wird, die Entwicklung vom Nomadentum zur Sesshaftigkeit sei schuld an der ungleichen Verteilung von Gütern, ist es lediglich eine Rechtfertigung dafür, dass der Mensch nicht fähig oder willens war, eine Balance zu finden zwischen verschiedenen Lebensweisen und der ausgewogenen Verteilung von Nahrungsmitteln und Gütern.

1.2.2 Begegnung Sprache, Schrift beim Menschen

Unsere Sprache wird bei der direkten Begegnung von Gestik, Ausdruck und Mimik begleitet. Die Begegnung lässt uns den Wahrheitsgehalt des Gesagten beurteilen. Dabei merken wir intuitiv, mit welcher Überzeugung eine Person hinter ihrer Aussage steht, ob ihre Äusserung auch mit der Person übereinstimmt. Dazu meint Nietzsche so treffend: «Das Verständlichste an der Sprache ist nicht das Wort selbst, sondern Ton, Stärke, Modulation, Tempo, mit denen eine Reihe von Worten gesprochen wird, kurz, die Musik hinter den Worten, die Leidenschaft hinter dieser Musik, die Person hinter dieser Leidenschaft, alles das also, was nicht geschrieben werden kann.»[7] Deutlicher wird der Verlust des Sinnlichen, wenn die Sprache nicht zwischen Menschen direkt verwendet wird, sondern nur durch schriftliche Übermittlung. Das beschreibt Karl Jaspers in «Vernunft und Freiheit». Inhaltlich zusammengefasst heisst das etwa: Alle grossen Religionsstifter wie Jesus Christus, Sokrates, Buddha haben nichts selbst geschrieben, sondern

---

[7] Friedrich Nietzsche, Sommer-Herbst 1882 3 (1-6) 296

erst später ihre «Sekretäre» (Apostel, Platon, Siddhartha Gautama). Jaspers beschreibt damit genau den Verlust, der durch das Fehlen der persönlichen Begegnung entsteht.

Unsere Sprache erfährt also durch die Schrift eine ziemliche Beschränkung. Die Schrift ist fast nur eine Übermittlung ohne Sinne, Gestik, Ausdruck und Mimik. Die Kreation der Schrift hat so gesehen zwar den Vorteil, Gedanken «erdweit» bekannt zu machen, aber damit verbunden sind zwei Nachteile. Erstens: Schrift ist anfällig für Missverständnisse, denn was gelesen wird, mangelt einer direkten Begegnung mit allen Sinnen. Zweitens: Atmosphäre geht verloren. Daher rühren die vielfachen Bemühungen der Dichtung, Atmosphäre zu kreieren und/oder vieldeutig zu sein. Schrift ist somit eine «amputierte Sprache» und was ist Sprache?

Ich schiebe hier etwas ein, das später eingehend diskutiert wird: Begegnen wir uns im Jenseits, werden wir lachen, lachen, staunen und uns wundern ob des Gestammels der menschlichen Sprache.

Diesseits	Jenseits
Begegnung	Allwissen
Sprache	
Schrift	
Abschrift/Buchdruck	
Dichtung als Versuch des Ausgleichs	

Schrift und künstliche Intelligenz (KI)

Schon Platon warnte vor den negativen Folgen der Schrift für unsere Kultur, sie schwäche das Gedächtnis, ermögliche es ahnungslos alles Mögliche zu behaupten.

KI ist eigentlich gar nichts Neues, es ist nur eine Fortsetzung der Entwicklung der Menschheit. Das ist ein gutes Beispiel dafür wie Selbsttäuschung funktioniert. Ich zitiere hier Platon, wie wohl Tausende vor mir, ohne zu prüfen, ob das Zitat stimmt, einfach weil es mir gerade gelegen kommt, um meine Sicht zu untermauern. So geschieht es auch mit der Behauptung, die Griechen hätten die Philosophie erfunden. Vielmehr war Philosophie schon vor den Griechen ein typisches Merkmal einer Hochkultur. Im Gegensatz zur heutigen Philosophie allerdings war schon bei Sokrates ihr Denken verbunden mit dem Ziel, danach zu handeln. Den damaligen Herrschern des Staats behagte das nicht, weshalb sie den Philosophen verfolgten. Auch wenn die philosophische Haltung, das Handeln mit gedanklichen Erwägungen zu begründen, von den Ägyptern stammt, ist es doch bemerkenswert, wie Sokrates sein Leben opferte für seine Überzeugung. Hier noch ein Augenzwinkern: Wenn es Fehler hat in meiner Schrift, ist es, weil sie nicht mit KI bzw. ChatGPT geschrieben wurde.[8]

---

[8] 1. *George James. Stolen Legacy. Er begründet griechische Philosophie sei eine gestohlene ägyptische Philosophie.*

2. Tamer Ahmed, Author & Researcher in History of Ancient Egypt Pharaohs. Die ersten ionischen Studenten wurden von dieser geheimen Idee und anderen Ideen der Entstehung des Universums aus den vier Elementen beeinflusst, und die meisten von ihnen waren Atheisten, die nicht an die griechischen Götter glaubten, und als sie in ihre Länder kamen, entkleideten sie diese Vorstellungen von den Göttern und sprachen

Auch Elan Musk sei hier erwähnt. Er meint KI sei die grössere Gefahr als die Atombombe. Er, der an die Technik glaubt, ortet da eine Gefahr ohne zu merken, dass die ganze Technik schon lange den Vernichtungskreislauf für den Menschen selbst befeuert hat.

1.2.3. Geldwirtschaft

Von besonderer Bedeutung ist die Erfindung des Geldes. Es hat den Tauschhandel abgelöst. Einerseits kann damit der Handel erleichtert werden indem ein Zwischenglied zwischen den Tauschgütern eingeführt wird. Andererseits ist damit etwas geschaffen, das man horten und so eine ungleiche Verteilung fördern kann. Wenn zudem eingeführt wird, dass Kapital sich durch Zins und Zinseszinsen vermehrt, entsteht aus dem ursprünglichen Handel etwas Neues. Etwas Neues, das die Habgier fördert. Das Dilemma wurde in früheren Kulturen erkannt, indem man als Zahlungsmittel nicht Geld, sondern etwas Vergängliches brauchte, das also an Wert abnahm, wenn man es hortete. Relikte dieses Brauches existierten bis Mitte des 19. Jahrhunderts indem ein Teil des Lohnes in Form von Nahrungsmitteln bezahlt wurde. Eine andere Art von Austausch wird bis heute angewendet. In Tauschbörsen wird nicht mit Geld, sondern mit Zeit bezahlt. Jede Form von Arbeit hat damit den gleichen Wert.

über sie in der Sprache der Natur, Konzepte und Ideale, ohne die Götter zu erwähnen... So war die Philosophie geboren.

Unser heutiges Wirtschaftssystem kann nur funktionieren mit Geld als Zahlungsmittel. Um die Gefahr der heutigen Geldwirtschaft aufzuzeigen, zitiere ich Silvio Gesell, der nach dem ersten Weltkrieg prophezeite: «Trotz des heiligen Versprechens der Völker, den Krieg für alle Zeiten zu ächten, trotz der Rufe der Millionen: ‹Nie wieder Krieg!›, entgegen all den Hoffnungen auf eine schöne Zukunft, muss ich sagen: wenn das heutige Geldsystem, die Zinswirtschaft, beibehalten wird, so wage ich es, heute zu behaupten, dass es keine 25 Jahre dauern wird, bis wir vor einem neuen, noch furchtbareren Krieg stehen!» Die Zins- und Zinseszinswirtschaft fördert nach Gesells Geldtheorie die ungleiche Verteilung von Geld und Gütern. Im Kapitel 1.2.5 Revolutionen komme ich auf das Thema zurück.

In diesen Zusammenhang gehört auch die Idee eines bedingungslosen Grundeinkommens. Allgemein wird befürchtet, die Menschen würden dann nicht mehr arbeiten. Dabei wird verkannt, dass im Tun ein Grundbedürfnis besteht. Natürlich ein Tun, das den Menschen befriedigt. Die Macht über Menschen in ihrer Abhängigkeit von Lohnarbeit würde sich verringern, weil viele Menschen das tun und denken würden, was sie wirklich betrifft und interessiert. Die Gefahr eines Austritts aus der Tretmühle wäre enorm. Die Macht der Wirtschaft und deren Protagonisten würde gebrochen. Es wird zwar bemängelt, nur eine wachsende Wirtschaft könnte so etwas finanzieren. Wenn aber diese Wirtschaft das Überleben des Menschen stört, ist es zum Wohl aller, wenn sie in andere Bahnen gelenkt wird.

1.2.4. Evolution: Darwinismus ist ein Wunsch-denken der Menschen

Als Genetiker zeige ich anhand der Evolutionstheorie von Darwin auf, wie Menschen sich selbst täuschen.[9] Nicht «Survival oft the fittest» ist der alleinige Motor der Evolution, sondern, die gegenseitige Abhängigkeit aller Lebewesen, die im Verbund zueinander eine Entwicklung ermöglichen, begründet die Evolution.

Schon lange wurde erkannt, dass die Vorstellung von Mutation und Selektion – Veränderung des Erbguts und danach Auswahl des Überlebensfähigen – allein, die Gesamtheit der Evolution *nicht* erklären kann. Mit Corona wurde nochmals klarer, dass Viren und Bakterien im Zusammenspiel mit anderen Lebewesen gemeinsam die Evolution bewirken. Noch wichtiger in Bezug auf Vererbung ist die Einsicht, dass die Gesamtheit der Genetik zwei Komponenten hat; eine Materielle und eine Geistige. Es ist evident, dass man für die eine Komponente eine materielle Ursache findet. Das bedeutet aber nicht, dass es keine geistige Komponente gäbe.

Bleiben wir bei der allgemeinen Sicht: Genetik und Umwelt bestimmen die Entwicklung von Lebewesen. Wichtig ist, Genetik und Umwelt nicht voneinander zu trennen; es ist eine Einheit – die eine materiell bedingt, die andere geistig. Bei den Schlussfolgerungen, wie die bevorstehende Gefahr des Klimawandels für die Menschen behoben werden

---

[9] Die in diesem Abschnitt erwähnten Theorien werden in einem Glossar beigefügt.

könne, werde ich auf diese unsägliche Trennung zurückkommen. Auch die epigenetische Forschung weist darauf
hin, dass Genetik und Umwelt nicht strikt voneinander
getrennt sind. Heute gilt, «Das epigenetische Gedächtnis
zeigt, dass Lamarck rehabilitiert werden muss». Der fran-
zösische Biologe Jean-Baptiste Lamarck war der Kontra-
hent von Charles Darwin und hatte im 19. Jahrhundert eine
der ersten Evolutionstheorien entwickelt. Heute ist klar,
Darwinismus und Lamarckismus schliessen sich nicht aus.
Dass auch geistige Vererbung eine Rolle spielt zeigt sich eindrücklich an einem Beispiel, das die Menschen kennen. Der
Zwiespalt zwischen Juden und Christen vererbt sich über
Jahrhunderte! Ich werde im Kapitel 2.3 Das Biogenetische
Grundgesetz auf diese Thematik zurückkommen.

I GING und der genetische Code

Die Entdeckung der Erbschrift ist eine ganz besondere
Leistung. Mit allen wissenschaftlichen Methoden hat
man den Genetischen Code in den letzten fünfzig Jahren
entdeckt, aufgeschlüsselt und bis ins Detail beschrieben.
Heute ist man so weit, ihn direkt durch Genmanipulation
beeinflussen zu können – nicht wie zuvor durch jahr-
hundertelange Selektion. Ob die Wissenschaft damit einen
guten Weg beschreitet, ist eine andere Frage. Der Genetische Code sei kurz erklärt, Details und Bilder sind in meinem Text «Reparatur in lebenden Zellen» zu finden.[10]

Die Zellen aller Lebewesen enthalten Informationen, oft
im Zellkern, die das chemische Leben bestimmen. Dort

---

[10] P. Mollet, Reparatur von Erbschäden in lebenden Zellen, Bild der Wissenschaft, 3. April 1977, 68–78, see www.biosophie

wird abgelesen, was, wie, wo, wann im Leben dieses Wesens passiert – zumindest materiell. Es ist eine Information, die meist in Chromosomen auf hunderten von Genen in Form der DNA (Desoxyribo Nucleic Acid) gespeichert ist. Diese Art von Schrift besteht aus vier Buchstaben (den Basen A-denin, T-hymin, G-uanin und C-ytosin) die je paarweise ein Triplet bilden. So bestimmt zum Beispiel das Triplet

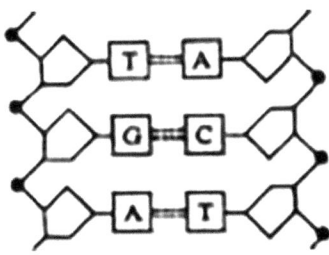

eine bestimmte Aminosäure, die den Prozess des materiellen Lebens weiterführt. Es bedeutet «Start». Der Genauigkeit halber sei ergänzt: Jeder Base ist eine bestimmte andere zugeordnet. Wenn man diese Anordnung systematisch durchspielt, sind genau 64 Variationen möglich.

Vor 4000 Jahren wurde in China im «I GING, das Buch der Wandlungen» ein Code beschrieben, der die verschiedenen Zustände, Möglichkeiten und Wandlungen des menschlichen Lebens aufzeigt. Der Code besteht aus genau drei Paaren, die zusammmen ein Bild ergeben. Das hier folgende Bild beschreibt einen Lebenszustand und dessen mögliche Wandlungen. Es bedeutet «Start».

, >Biographie >Lebensdaten>Reparatur von Erbschäden in lebenden Zellen > pdf download

Auch im genetischen Code sind Wandlungen möglich –
man nennt sie Mutationen. Im I Ging gibt es ein Bild für
«Start» genau wie im Genetischen Code. Im I Ging gibt
es ein Bild für «Ende» genau wie im Genetischen Code.
Im I Ging gibt es ebenfalls genau 64 Möglichkeiten, wie
beim Genetischen Code. Die Übereinstimmungen sind so
zahlreich, dass sie hier nicht beschrieben werden. Ich ver-
weise auf das Buch von Martin Schönberger, Verborgener
Schlüssel zum Leben – Weltformel I-Ging im Genetischen
Code, Otto Wilhelm Barth Verlag, München, 1973.

Wir bewundern die Leistung der modernen Wissenschaft.
Mit allen Mitteln hat sie den Genetischen Code heraus-
gefunden: Molekularbiologie, Elektronenmikroskopie,
Biochemie, Spektralanalyse, Chromatographie, Genmanipulation, Mathematik, Informatik u.a.m.

**Umso mehr staunen wir, dass der Schlüssel zum Leben
vor 4000 Jahren, mit Mitteln fern von Technik und
Wissenschaft, bereits entdeckt worden war.**

Gezielte Genmanipulation mit CRISPR

Mit der Methode CRISPR/Cas9 ist eine weitere Möglichkeit der Genmanipulation entdeckt worden.[11] Es ist ein molekularbiologisches Verfahren, um einen DNA-Strang an einer vorgegebenen Stelle zu durchschneiden und dort gezielt zu verändern. Bahnbrechend ist dabei, dass genetische Veränderungen nicht mehr zufällig hergestellt werden, sondern ganz gezielt. Das eröffnet eine neue Dimension der Manipulation an allen Lebewesen. Die Methode basiert auf einem Phänomen der autonomen Reparatur der Erbschrift in lebenden Zellen. Die erstaunliche Fähigkeit der ständigen Kontrolle von Fehlern in der Erbsubstanz ist seit vierzig Jahren bekannt. Es ist erstaunlich, dass es nicht nur eine, sondern verschiedene Arten der Reparatur gibt. Die Wissenschaftler, die das erforschten, erhielten 2015 einen Nobelpreis. Das Phänomen war damals so wichtig, dass ich es im bereits erwähnten Artikel beschrieb «Reparatur von Erbschäden in lebenden Zellen» im Detail beschrieb. Ich vergleiche hier gerne, wie die Natur das Genom repariert oder verändert, mit dem was die neue Technik kann. Während der Prozess in der Natur autonom und vielfältig ist, ist die CRISPR/Cas9-Methode einfach und beschränkt auf einen winzigen Bereich im Genom. Es ist wieder ein Indiz, wie genial die Natur funktioniert und wie stümperhaft menschliche Eingriffe sind.

Auch hier wurden mit intensivem Aufwand weltweit mit technischen, materiellen, wissenschaftlichen Methoden

---

[11] CRISPR, Abkürzung für **C**lustered **R**egularly **I**nterspaced **S**hort **Pa**lindromic Repeats – Cas9 ist die Abkürzung von CRISPR associated protein 9

neueste Kenntnisse erforscht und angewendet. Das wird als Riesenerfolg wahrgenommen und propagiert. Das Resultat, so erstaunlich es sein mag, führt aber nicht dazu, dass alle Menschen davon profitierten. Auf die Konsequenz gehe ich später ein.

Die gesamte Geschichte der Menschheit weist darauf hin, dass die Gene von Macht, Privilegien, Egoismus dominieren über Rücksicht, Gleichberechtigung und Altruismus. Wie dem begegnet werden könnte, zeigt eine erweiterte Sicht am Ende des Buches.[12]

1.2.5. Revolutionen

Die Folgen der ungerechten Verteilung waren und sind immer Störungen des sozialen Friedens, die bis zu Revolutionen führen. Die dominierende Eigenheit der Menschen war bisher, dass solche Revolutionen zwar entstehen, doch nach drei, dreissig oder dreihundert Jahren wird wieder das frühere Machtgefälle installiert. Das beweiskräftigste Beispiel ist die Geschichte von Christus und seinen Jüngern. Dabei kann man den Weg verfolgen, wie die Rückkehr zur Privilegien-Wirtschaft und Hierarchie geschah. Ein Element war, dass nach einiger Zeit die Mehrzahl der Menschen, welche die alte Ordnung abschaffen wollten,

---

[12] Ein Irrweg wird in Kapitel 4.1 Schlussfolgerung erwähnt: Wenn dieser Weg der Genmanipulation eingeschlagen würde, bedeutete es, dass der missratene Weg der technischen, materiellen, wissenschaftlichen Methoden weiterhin beschritten würde, also jener Methoden, die bisher nicht zum Ziel geführt hat, die Menschheit zu retten.

reduziert wurde auf eine Person mit Namen Jesus. Damit wurde impliziert, es sei unmöglich, dass viele Leute etwas verändern wollen. Zudem wurde Jesus zu Gott erklärt, also einem Wesen das fernab von normalen Menschen ist. Schon wird der irdische Mensch Untertan, die Hierarchie ist wieder installiert. Einer ist Papst und eine Heerschar von graduell Untergestuften beherrschen wieder in alter Gewohnheit die Menschheit.

Ein anderes Beispiel ist die dominierende Meinung, die Griechen hätten die Demokratie erfunden. Worüber sie sich Gedanken gemacht haben, war lediglich, ob die Macht von einem König weggenommen werden könne. Die Lösung der Griechen war aber nicht, die Macht dem Volk zu geben, sondern lediglich die Macht von einer Person auf viele zu verteilen, nicht aber auf alle, sondern auf einige wenige Wohlhabende. Frauen, Kinder sowie auch Sklaven, Ausländer und arme Einheimische waren ausgeschlossen. Das Festhalten an der Meinung, die Griechen hätten die Demokratie erfunden, zeigt lediglich, wie resistent die Menschen gegenüber der Realität sind.

Alle diese Beispiele zeigen die heute vorherrschende einseitige Betrachtung des Fortschritts in der die Vorteile hervorgehoben und die Nachteile kleingeredet werden. Blendet man die Nachteile aus, gerät man in den aktuellen Wahn, ewiges Wachstum sei möglich. Vielmehr zeigen die Analysen der menschlichen Entwicklungen Folgendes:

Heutige Technik beschleunigt den Untergang. Techniken, die nicht auf der Nutzung von regenerierbaren Ressourcen beruhen, widersprechen den Naturgesetzen. In der Natur und im Kosmos gibt es kein unbeschränktes Wachstum. Die heutige Wissenschaft bestätigt die Methode die auf materiellen Erkenntnissen beruht. Geistige Erfahrungen, beruhen auf beidem, Materiellem *und* Geistigem, sie bedürfen keiner Beweise. Das führt mich zu meiner Überzeugung, die heute übliche Philosophie muss erweitert werden zu Biosophie, also einer Sinneshaltung, die nicht nur auf das Denken reduziert ist, sondern auf folgerichtiges Handeln. Das gilt auch für Spiritualität; sollte sie bedeuten, sich in geistigen Sphären zu bewegen, geht sie in eine Richtung, die ebenso einseitig ist, wie die Konzentration auf Materielles. Vielmehr muss Spiritualität darauf gerichtet sein, richtig zu handeln.

2. Untergang der Hochkulturen

Die Geschichte der Menschheit ist geprägt vom Untergang sogenannter Hochkulturen. Einige sind durch Machtansprüche niedergegangen, durch Zerfall der Macht und/oder Kriege. Bei einigen ist nicht erwiesen, was den Niedergang eingeleitet hat. Es gibt viele Hinweise, dass jeweils die Blüte von Hochkulturen nicht nur begleitet war von Kriegen, sondern von unbeherrschter Ausbeutung der Natur. Auch Naturkatastrophen wie Einschlag eines Meteoriten, Kälteeinbruch werden genannt. Jede Hochkultur war begleitet vom Machtanspruch einer Minderzahl von Leuten gegenüber allen andern. Das Zurschaustellen der Macht äusserte sich nicht nur im Anhäufen von Edelmetallen und deren Verarbeitung, sondern vor allem im Erstellen von kolossalen Bauten und im Schiffsbau. Das wiederum führte zu Übernutzung von Wäldern bis hin zum Kahlschlag. Das Gleiche gilt für das Führen von Kriegen. Raubbau ist oft der Beginn des Niedergangs der Hochkultur. Wie ist das bei Kohleförderung, Nutzung von Öl, Gas und Uran?

Es ist absehbar, dass unsere «Hochkultur» dem gleichen Schicksal entgegenstrebt. Wiederum möchten die Menschen dies nicht wahrhaben. Sie verdrängen eines; eine Entwicklung ist immer begleitet von Vor- und Nachteilen. Den Fortschritt ohne Nachteile gibt es nicht. Das haben die Menschen zwar stets gesehen, aber leider nicht entsprechend gehandelt.

Es ist nicht nur der heute befürchtete Klimawandel, Abnahme der Biodiversität, Knappheit von Ressourcen,

Pandemien, Privilegien-Wirtschaft, die den Untergang auch der heutigen «Kultur» bewirken. Die heutige «Hochkultur» hat sich so ausgebreitet, dass es diesmal keine Ablösung durch eine andere geben wird. Es wird den Niedergang *und* einen Neubeginn auf dem Planeten Erde geben (ich wiederhole – nicht weltweit, sondern erdweit). Dabei bezieht sich der Neubeginn nicht etwa auf alles Leben, sondern nur auf jenes der Menschen. Weil die Privilegierten an ihrer materiellen Sichtweise festhalten, wird der Niedergang beschleunigt. Verteilkämpfe wüten auf der ganzen Erde. Beim früheren Nebeneinander von Kulturen waren die Niedergänge auf Regionen oder Teile der Erde beschränkt. Diesmal, mit der erdweiten Vernetzung, trifft es gleich die Monokultur der ganzen Erde. Nach den Gesetzen der Natur ist dieser Niedergang nicht das Ende, sondern der Übergang zu etwas anderem: Evolution. Ob der Mensch dabei «mitmacht», kümmert die Natur nicht.

2.1. Gewalt und ihre Konsequenzen

Wie schon angedeutet, ist das irdische Dasein der Menschen verbunden mit einer Privilegien-Wirtschaft. Die angewendeten Methoden: Massenbeeinflussung durch Konditionieren, Täuschen, Propaganda, Machtstreben; alle verbunden mit entweder irreführender Logik oder dem Vortäuschen von Hoffnung und Fördern des Fortschrittglaubens. Das wird immer im Namen der Gerechtigkeit, der Verteidigung von Territorien oder von wirtschaftlichen Interessen, der Wissenschaft und dem technischen Fortschritt propagiert. Dass viele das Gemeinwohl nicht zum

Ziel haben, liegt auf der Hand. Religionen in ihrer Fehlentwicklung sind hier nicht ausgenommen.

Wie steht es mit den Staaten? Sie stehen für Recht (Menschenrecht, Gleichberechtigung), Ordnung und Demokratie. Staaten, die nur vorgeben, sich dafür einzusetzen, seien gleich den korrupten oder mafiösen Organisationen zugeordnet. Verbleiben die Rechtsstaaten. Wie setzen sie sich für Gleichberechtigung ein? Meist mit friedlichen, gewaltfreien Mitteln, manchmal aber auch mit Gewalt. Die meisten Staaten unterhalten eine Armee. Sie setzen sie ein zur Verteidigung des Territoriums, oft nur, wenn sie selbst angegriffen werden, aber manche auch offensiv, wenn deren Führer sich einreden, ihr Staat sei gefährdet. Natürlich kann mit Gewalt viel erreicht werden. Die Frage ist nur, wem nützt das letztlich? Welcher Staat hat mit Gewalt erreicht, Gerechtigkeit unter den Menschen zu fördern und zu etablieren? Was zeigt die Realität von Kriegen? Die meisten – ob Soldaten oder Volk – trifft Leid, Tod, Vernichtung. Nur wenige profitieren, letztlich sind es jene wenigen, die weiterhin ihre Privilegien bewahren. Die meisten Menschen eines Staates haben nichts gewonnen. Ja wenn man die Gesamtheit aller Staaten betrachtet, überwiegt Verlust, Tod und Vernichtung. Der einfache Mensch gewinnt nie etwas, wenn er sich in den Dienst der Macht stellt. Sich keiner Macht unterzuordnen ist Einsicht, ist die Erkenntnis. Die heutigen Staaten sind Verteidiger der Privilegien-Wirtschaft. Ich meine: Sich selbst zu verteidigen ist nicht dasselbe, wie Herrschende zu verteidigen. Dabei frage ich mich, warum eigentlich das Gewissen von Verweigerern des Militärdienstes geprüft wird.

Das Umgekehrte wäre angebracht; das Gewissen der Soldaten müsste untersucht werden. Wie können sie den Widerspruch ertragen zwischen «Ausbildung zum Töten» und «Du sollst nicht töten»?.

Im Zusammenhang mit der Funktion eines Staates wage ich ein besonderes Statement: Wenn ein Staat wie die Schweiz jene Banken rettet, die den Steuerbetrug fördern, ist er korrupt. Mit den vielen Milliarden, die dabei eingesetzt wurden, könnten alle jene korrekt arbeitenden Bankangestellten, deren Job gefährdet ist, mit Leichtigkeit unterstützt werden. Zudem könnten andere Banken die Geschäfte übernehmen. Die Verantwortlichen dieses Deals haben den Bankangestellten nicht geholfen, sondern sie beide Male (UBS 2008, CS 2023) im Stich gelassen indem sie die Unsicherheit ihrer Jobs vergrösserten. Zudem haben die Verantwortlichen den Steuerzahlern das ganze Risiko des Deals aufgebürdet. Die oben propagierte Lösung wurde nicht angestrebt, obwohl die USA zeigen, dass es geht, indem man dort Banken, die nicht florieren, bankrott gehen lässt, gerettet werden sie nicht. Die Meinung, eine andere Lösung hätte eine weltweite Krise ausgelöst ist eine reine Hypothese.

Einigen Menschen wird die Anerkennung zuteil wirklich ein anderes Ziel zu haben als eine Privilegien-Gesellschaft zu schützen, sich zur Gewaltfreiheit zu bekennen und sie zu leben: Jesus, Ghandi, Martin Luther King, Einstein und sicher noch viele andere. Ihre Einstellung wird oft als ketzerisch gekennzeichnet, ja noch ironischer, diese Menschen werde als Idealisten verspottet. Das Gegenteil ist wahr, es sind die einzigen Realisten. Als Konsequenz zu diesen Überlegungen bleibt nur eines. Friedensförderung in grossem Masse betreiben. Das beinhaltet auch die Einsicht, dass Menschen nur im Einklang mit der Natur überleben können.

2.2 Gemeinsamkeit aller Kulturen

Seit jeher ist allen Kulturen etwas gemeinsam, bezeichnen wir es nun als Glaube, Ahnung, Vorstellung oder Weltansicht, nämlich die vermeintliche Existenz von Göttern oder einem Gott. Geleitet wurde diese Sicht vom Staunen ob dem Wunder der Gesetze des Kosmos und der Natur. Anstatt es beim Bewundern zu belassen, wurden überall die erstaunlichen Phänomene dahin gedeutet, dass es Götter gäbe oder einen Gott, der das alles so gestaltet. Gott und Götter sind eine Erfindung der Menschen. Zudem überschätzen die Menschen ihre Stellung in der Natur und im Kosmos. Immer wurden herrschende Menschen auf die Stufe von Göttern erhoben. Beim Monotheismus wurde das Bild von Gott sogar als Mensch dargestellt. Selbsterhöhung oder Selbsttäuschung ist kein falscher Begriff für dieses Phänomen der Überheblichkeit. Da kommen wieder die allseits anerkannten griechischen Philosophen ins Spiel. Sokrates hat es gewagt, den herrschenden Glauben an Gott und Götter zu negieren und wurde deshalb zum Tode verurteilt. Das nenne ich Philosophie, die auf Handeln ausgerichtet ist.

Ein anderes Phänomen, das in allen Hochkulturen auftritt ist die sogenannte Völkerwanderung, über die es verschiedene Ansichten gibt und die sicher mit dem heutigen Begriff von Migration (Immigration und Emigration) zu tun hat. Auch Herrschaft über andere Völker ist in verschiedensten Epochen aufgetreten, in der letzten Epoche vor allem in Form von Kolonialismus. Grundlage all dieser Phänomene ist wie vielfach erwähnt, die Privilegien-Wirtschaft. Errungenschaften kommen nicht allen Menschen gleichermassen zu.

2.3   Das biogenetische Grundgesetz

Das Biogenetische Grundgesetzt von Haeckel besagt, dass die Ontogenese die Phylogenese rekapituliert. Die Individualentwicklung eines Lebewesens bildet demzufolge in einer Art Zeitraffer die Evolution der ganzen Entwicklung von Lebewesen ab.[13] Nach meiner Ansicht lässt sich dies auch auf die Beziehung zwischen der Geschichte der Menschheit und der Individualentwicklung des Menschen anwenden. Ich meine damit, einzelne Menschen durchlaufen eine Entwicklung, die das Abbild der Evolution der Menschen ist. Dabei erkennen einige Menschen, dass ihre Vorstellung dem Allgemeinbewusstsein nicht entspricht, sondern weit voraus ist. Diese Menschen gab es immer, ich habe sie erwähnt: Sokrates, Platon, Jesus, Galilei und andere. Sie versuchen die Entwicklung in eine neue Richtung zu lenken. Sie werden oft Weltverbesserer

---

[13] Das biogenetische Grundgesetz wird heute zu einer Regel eingeschränkt, weil die stammesgeschichtliche Evolution der Embryonalentwicklung weder vollständig noch immer wiederholt wird. Für meine Betrachtungen ist das nicht massgebend.

genannt und ähneln jenen Jugendlichen, die im Sinn haben, ihre Welt zu verbessern. Leider war und ist ihnen kein Erfolg beschieden, solange die Allgemeinheit eine Veränderung nicht zulässt. Das wiederum spiegelt eine Tatsache, die wir aus der Psychologie kennen. Ein Individuum, das in seiner geistigen Entwicklung verharrt, kann die Beharrlichkeit nur überwinden, wenn es aus innerem Antrieb diesen Zustand überwindet. Dann erst tritt die Veränderung ein. Dasselbe Prinzip gilt für das Gros der Menschheit. Ist sie nicht bereit ist, Ihre Entwicklung in neue Bahnen zu lenken, verändert sich nichts. Stillstand. Dann kommt ein Phänomen ins Spiel, das ich im Kapitel «Untergang von Spezies», beschreiben werde. Die Natur im Zusammenspiel mit den kosmischen Gesetzten korrigiert das Beharren in Richtung Weiterentwicklung. Oder, wie oft gesagt: Gelangt die Menschheit nicht zur Einsicht, wird sie aussterben oder in eine zukunftsorientierte Richtung gesteuert. Dabei haben wahrscheinlich die Naturvölker, die sogenannt Unterentwickelten, die grösste Chance, den Umbruch zu bewältigen. Die Umkehr zu einer Weltanschauung, welche die Menschen beglückt, würde mir gefallen. Vielleicht hätte es sogar eine Verwandtschaft mit einer Umkehr von der Dominanz der versagenden Patriarchate zu einer der Matriarchate. Mutter Erde könnte unter der Obhut der Frauen vielleicht besser behütet werden.

Im Zusammenhang mit dem biogenetischen Grundgesetz erinnere ich mich an eine Phase, in der ich mich für die Entwicklung eines Embryos interessierte und ein ganz frühes Stadium zeichnete.

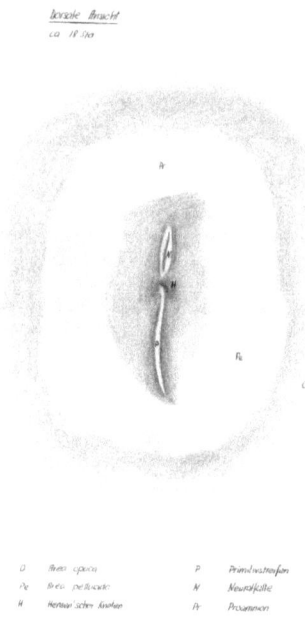

Welche Überraschung! Es hat eine verblüffende Ähnlichkeit mit dem Schoss aus dem wir kommen.

Die Erkenntnisse der Verhaltenspsychologie bestätigen die Widerstände des Menschen gegen Veränderung. Ihr Fokus ist auf das Hier und Jetzt gerichtet. Ich will hier nicht weiter darauf eingehen, sondern nur auf Untersuchungen hinweisen zu den Fachbegriffen, Kognitive Verzerrung, Optimism bias, Cognitive Frameworks,

Confirmation bias. Verantwortungsdiffusion, Nudging Strategie.[14] Sie bestätigen alle, welche Meister der Selbsttäuschung die Menschen sind. Es wird untersucht und befunden, wie das menschliche Gehirn, evolutionär bedingt, festhält am Glauben, die Menschheit könne überleben, wenn sie an den Methoden der heutigen Technik, Wissenschaft und Philosophie festhalte. So erklärt Ulrike Herrmann in ihrem Buch «Das Ende des Kapitalismus», mit Kriegswirtschaft könne die befürchtete Katastrophe abgewendet werden. Es bedient das Prinzip Hoffnung, das uns allen innewohnt. Ich gestehe, dass auch ich dazu neige, diesem Prinzip zu folgen, allerdings mit dem Unterschied, dass ich das «Szenario der Hoffnung» um ein Jahrhundert nach hinten verschiebe.

Das biogenetische Grundgesetz lässt sich auch auf die Gesetzmässigkeiten der Genetik anwenden. Allerdings ist die bisherige materielle Sicht zu erweitern. Die Vererbung ist die Weitergabe von Eigenschaften an die nachfolgenden Seelen. Sie hat einen materiellen Anteil und einen geistigen. Beide zusammen bestimmen einerseits die Eigenschaften der sich entwickelnden Gesellschaft, andrerseits jene eines Individuums, das aus dieser Gesellschaft hervorgeht.

---

[14] Bernadette Sütterlin, Documentary SRF. Einstein, 2023, August 24. Kampf gegen den Klimawandel: Warum boykottiert ihn unser Gehirn? Interviewer T. Müller

2.4   Der Untergang von Spezies

Es mag etwas befremden, wenn hier Bezug auf die Entwicklung bei Tieren genommen wird. Aber die Analogie zum Untergang von Hochkulturen beim Menschen ist verblüffend. Dabei gibt es zwei Bezugspunkte. Der erste ist heikel aber nennenswert. In Tierversuchen hat man vielfach festgestellt, dass von den beiden Varianten Strafe und Belohnung, die erstere schneller Korrekturen bewirkt. Die zweite zeigt, dass Grösse im Zusammenspiel mit allen anderen Lebewesen die Balance stört und korrigiert wird.

In der Natur kann das im langen Prozess des «belohnenden Korrektivs» oder im kurzen Prozess der schnellen Korrektur geschehen. Die Dinosaurier waren beispielsweise sehr erfolgreich, solange sie eine bestimmte Grösse nicht überschritten. Auch eine massive Veränderung des Klimas, ausgelöst durch einen Asteroiden, hat ihre Überlebensfähigkeit beeinflusst. Dann erfolgte die Korrektur. Die Dinosaurier konnten mit ihren Eigenschaften nicht bestehen. Die Natur im Einklang mit den kosmischen Gesetzen fand eine geniale Lösung. Nicht etwa, dass alle ausstarben, nein sie entwickelten sich zu einer kleineren aber sehr beständigen Tierart, den Vögeln, Akrobaten der Lüfte. Und da sogar wieder zu verwandten Formen, die auch auf und im Wasser gut leben können. Ich zitiere hier Oliver Rauhut, Paläontologe, Vögel sind eine Untergruppe der Dinosaurier.[15]

---

[15] O. RAUHUT, E-Mail vom 30.12.2021; In https://www.ag-evolutions-
biologie.net/pdf/2023/evolution-warum-voegel-dinosaurier-sind.pdf

Wie wäre es, diese Evolution in die Entwicklungsgeschichte der Menschen mit einzubeziehen? Basiert die Ahnung von einem Jüngsten Gericht, auf der Erkenntnis, dass die Menschen eine Strafe ereilt, wenn sie die Bedenken von weitsichtigen Denkern nicht ernst nehmen. Die sind auch enthalten im Gilgamesch Epos, der biblischen Geschichte Arche Noah, bei Nostradamus. Alle weisen darauf hin, dass es für die Menschen ein böses Ende nimmt, wenn sie die Bedenken der Rufer in der Wüste negieren.

2.5 Sensibilität bei Menschenaffen

Als Vorbereitung zu einem neuen Weg fern von Technik und Wissenschaft füge ich hier das Verhalten von Lebewesen ein, die uns nahestehen. Eine Zeitlang beschäftigte ich mich mit dem Verhalten von Menschenaffen. Dabei ist mir aufgefallen, wie sie ihr Umfeld mit allen Sinnen wahrnehmen. Sie sind von einer besonderen Sensibilität. Von vielen Beispielen wähle ich eines aus das mir von dem bekannten Verhaltensforscher Joerg Hess anlässlich eines Besuches im Basler Zoo erzählt wurde.

Die Menschenaffen in Zoos stammen nicht aus der Wildbahn. Sie sind in Tiergärten geboren oder manchmal als Babys von Menschen aufgezogen worden. In der Sippe geborene Junge lernen affenkonformes Verhalten. Von Menschenhand aufgezogene Affen sind auf Menschen geprägt und haben ein menschenkonformes Verhalten. Ihnen sind Menschen vertraut, Affen sind ihnen fremd. Natürlich will man ein handaufgezogenes Baby später in eine

Menschenaffengruppe integrieren. Das wird sorgfältig und mit verschiedenen Näherungsstufen vorbereitet. Zuerst nur Hörkontakt, dann Sichtkontakt, dann nur noch Trennung durch ein Gitter. Es kommt der Tag an dem das Baby zur Affengruppe hereingelassen wird. Dabei muss man wissen, dass unter Menschenaffen ein Weibchen gerne ein Baby, nicht nur das eigene, umarmt. Das ist affenkonform. Für ein von Menschen aufgezogenes Affenbaby ist ein Affe etwas Fremdes, weil es das nie erlebt hat und nur Menschen als seine Beschützer kennt. Es ist also ungewiss, wie die erste Begegnung mit einem Artgenossen ausfällt. Kann das Baby eine Umarmung akzeptieren oder empfindet es dies als Bedrohung? Das Affenbaby tritt durch ein Türchen in der oberen Ecke des Geheges ein. Eine Affenmutter bemerkt das sofort, erhebt sich, geht auf das Baby zu und beginnt seine Arme zu heben. Kurz bevor sie das Baby erreicht, senkt sie die Arme wieder und geht an dem Artgenossen vorüber. Sie spürt instinktiv, dass etwas nicht stimmt. Gestik, Mimik und Benehmen des Babys zeigen ihr das an. Es ist zwar eine Situation, die sie noch nie erlebt hat, aber sie reagiert äusserst sensibel. Nicht nur das. Sie erfindet eine Strategie, wie die unübliche Situation zu meistern sei. In den nächsten 24 Stunden nähert sie sich in verschiedenen Malen dem Baby wieder. Immer näher, bis zu einer ersten fast unabsichtlichen Berührung, einer zweiten längeren Berührung, bis sie schliesslich das Baby nach vierundzwanzig Stunden in die Arme nehmen kann. Diese Sensibilität ist überwältigend, weil das Weibchen nicht nur die Situation erkennt, sondern auch eine Strategie entwickelt, sie in ihrem Sinne zu verändern. Durch das Handeln der Menschenaffenmutter lernt das Affenbaby das ihr unbekannte affenkonforme Verhalten anzunehmen. All dies geschieht ohne Sprache, jedoch in Übereinstimmung aller Sinne: Tasten, Sehen, Hören, Riechen, Schmecken, Gleichgewichtssinn, Temperatursinn, Körperempfindung, Bewegungssinn.[16] Bei den Menschen entwickelte sich während der Evolution eine Dominanz des Hirns bis hin zum Homo sapiens. Das Gleichgewicht zwischen allen Sinnen geriet dabei ausser Balance. Das schliesst nicht aus, dass ein Homo futurum, die Balance wiederfinden kann.

Bevor ich zu einem weiteren Aspekt des Themas gehe, ertappe ich mich bei eigener Unfähigkeit: Wir nahmen in unsere Familie einen sechsjährigen Knaben auf. Nach kurzer Zeit wollte ich das Kind umarmen. Welche Überraschung, anstatt sich anzuschmiegen geschah das Gegenteil, es erstarrte, für mich fühlte es sich an wie ein Holzklotz. Es ist eine Erinnerung, die bis heute gegenwärtig ist. Ja, erst beim Beschreiben dieser Passage über Menschenaffen wurde mir gewahr, dass mir die Sensibilität, was passieren könnte, gefehlt hat.

Im Zusammenhang mit der Sensibilität, die auf allen Sinnen beruht zitiere ich eine Ansicht von Oscar Kiss Maerth. «Das unnatürlich wachsende Gehirn kam unter den Druck des nicht entsprechend mitwachsenden knöchernen Schädels und verkrüppelte. In den «Gehirn-Leitungen» (Nerven-Bahnen) entstand ein physischer Kurzschluss, durch den der Mensch seine ursprüngliche Fähigkeit zur «übersinnlichen» Wahrnehmung verlor, die alle anderen Tiere

---

[16] Bei Menschenaffen sind gemäss Studien auch Gedankensinn, Wortesinn, Lebenssinn und Ich-Sinn angelegt.

heute noch haben. Der Mensch kann seitdem die immaterielle Welt nicht mehr wahrnehmen und sein wahres Selbst, sein wahres Wesen, den Sinn des Lebens, den Grund und den Zweck seines Daseins nicht mehr erkennen. Das sind der Ursprung und die Ursache seiner seelischen Nöte, die er unter ständig wachsenden Wahnvorstellungen mit immer mehr materiellen Vorkehrungen beseitigen will. Diese Massnahmen erzeugen jedoch nur immer neue seelische und auch materielle Nöte und den Fluch der Arbeit. Die endlose Kette seiner erfolglosen Notmassnahmen nennt er «Fortschritt». Der Mensch wird sich infolge und aufgrund seiner immer noch zunehmenden geistigen Umnachtung durch seinen «Fortschritt» selber vernichten.»

2.6 Die Stellung der heutigen Wissenschaft

Die beiden Professoren Paul Feierabend und Thomas Kuhn befassten sich mit der Frage der Stellung der Wissenschaft. Auch mich beschäftigt das. Ich hinterfrage die Methoden der modernen Wissenschaften kritisch. Interdisziplinär, mit viel Aufwand und Geld, wird der Zustand der gesamten Erde untersucht. Viele Menschen behaupten bezüglich der anstehenden Veränderungen, alles sei nicht so schlimm, man müsse nur die Ursachen erkennen und bekämpfen. Als Schuldige werden etwa die Juden, die Migranten, generell die Fremden oder das Patriarchat gefunden. Die Mehrzahl der Wissenschaftler warnt vor der nahenden Katastrophe und «beweist», dass sie mit den Methoden der heutigen Wissenschaft, Technik und Philosophie verhindert werden kann. An den Universitäten führt das zu immensen Forschungsprojekten, die eher dem Selbstzweck dienen, als dem Suchen nach wahren Einsichten. Dazu gibt es Beispiele. Bei einem Diskurs am Schweizer Fernsehen über den Hunger in der Welt (eigentlich den Hunger auf der Erde) forderte eine philosophische Fakultät, sie benötige Geld, um die Ursache zu finden. Auch die oben erwähnten Untersuchungen der Verhaltenspsychologie – siehe Biogenetischs Grundgesetz – gehören in diese Kategorie. Mit viel Aufwand – CT, Elektronik und Ähnliches – wurde erwiesen, welche Fähigkeit der Mensch zur Selbsttäuschung hat, ein Befund, der ohne jedes technische Hilfsmittel ebenso erkannt werden kann. Ein einflussreicher Professor der Universität Leiden sagte mir in einem Gespräch zum Wissenschaftsbetrieb, «It's like a Mafia». Die weltweiten Untersuchungen dienen vor allem dem Wohlergehen der Forschenden, einer Klasse der Privilegierten.

3. Szenario einer Hoffnung – Von der Vergangenheit in die Zukunft

Wie erwähnt hatten Visionäre eine Ahnung von der Gefahr. Sie ist Inhalt der Überlieferungen Gilgamesch, Arche Noah, oder Nostradamus, generell von der Ahnung einer Apokalypse und/oder dem Jüngsten Gericht. Das Ende des Mayakalender mit 2012 kann ebenso gedeutet werden. Weder «Silent Spring» von Rachel Carson (1962) , noch der Bericht des «Club of Rome» (1972), noch die modernen Warnungen vor einer Klimaerwärmung erschüttern den Glauben der meisten Menschen an das ewige Wachstum, den Glauben daran, dass moderne Technik und Wissenschaft sowie die heute praktizierte Philosophie, der Gefahr schon Meister werden. Auch dieses Buch wird daran nichts ändern. Die Menschen bleiben Meister der Selbsttäuschung. Das Miteinbeziehen des Versagens der Philosophie wird am Schluss geklärt. Selbst Ulrike Herrmann in ihrem brillanten Buch «Das Ende des Kapitalismus» meint, mit Kriegswirtschaft könne dem Ende unserer «Hochkultur» begegnet werden. Sie lobt auch die positiven Entwicklungen, die durch den Kapitalismus möglich wurden. In Anbetracht der heutigen Situation sei jedoch der Kapitalismus, der auf dem Prinzip von Wachstum beruht, zu überwinden. Ich gehe da noch einen Schritt weiter. Der Kapitalismus ist eine Fehlentwicklung wie andere Erfindungen der Menschen. Die Nachteile wurden übersehen und die Vorteile nicht allen Menschen zu teil. Jedoch ein Statement von Ulrike Herrmann im Zusammenhang mit der Einführung von Rationierung (Kriegswirtschaft) kann ich voll unterstützen: «Wieviel ist die Freiheit wert, wenn man gar nicht mehr überleben kann.»

In diesem Zusammenhang seien andere Autoren erwähnt:

1. Yuval Noah Harai, Eine kurze Geschichte der Menschheit: Übereinkunft in der Ansicht, dass die Menschen nie die Fähigkeit hatten Ungerechtigkeiten auszugleichen. Die Zeit des Homo sapiens ist abgelaufen, wenn er sich nicht gänzlich neu besinnt darauf, was sein Ziel ist.

2. Corine Pelluchon, Hoffnung angesichts der Klimakrise. Gleiche Analyse wie meine. Jedoch setzt sie die Hoffnung auf das Abwenden der Krise in die nahe Zukunft. Meine Prognose ist anders. Erst nach dem Kollaps wird ein Neubeginn möglich.

3. Sabine Hossenfelder, Viele der rätselhaften Phänomene des Kosmos lassen sich mathematisch darstellen. Glaubhaft werden sie erst dann, wenn sie theoretisch bewiesen sind. Ihr Ansatz behauptet Vorstellungen zum Kosmos können auch dann stimmen, wenn keine mathematischen und physikalischen Formeln dazu gefunden werden. Ganz im Sinne der Erfahrung beim Musizieren. Ohne Gesetzmässigkeiten zu kennen, ist es möglich Musik zu machen.

An dieser Stelle sei der Text meines Songs «A Devil Going Round» beigefügt.[17] Er beschreibt mit Ironie die

---

[17] Youtube, pierre mollet , a devil going round

menschliche Selbsttäuschung und wurde gepostet am 3. September 2022

Ein Teufel geht um.
Niemand glaubt's,
alle sind stumm.

A Devil Going Round

There is a devil going round
People do not hear its sound
Although deep down a thunder
Could mean the **earth** goes under

How should we get what are the signs
If never we see borderlines
Healthy, wealthy, why should we reckon
To make a pause just for **one** second

There is a devil going round........
Why ever should I **all that** see
If everything goes well with me

Every day on markets shopping
All the time, it has no stopping
If traffic runs around the world
Why should it hurt although its heard

There is a devil going round.......
How nice, **the** seasons always wormer
Like pictures of old William Turner

Trade is getting fast and faster
Are we **men** not real masters
Or could it have an other side
No, we **w**on't see, we better hide

There is a devil going round.........
Wars at many places do not harm
If only I - feel all time warm

How should bother men`s depressions
Or people`s need of more aggression
((Instrumental))
It is no need for me to cry
I anyhow will have to die

There is a devil going round.....
Correction bears the name corona
Does hit Ancona, Arizona - even Fiona

If we don't listen to the nature
Disaster will become quite greater
As predicted in some years of swing
The book was tilted, "Silent Spring"

Die im Song karikierte Selbsttäuschung der Menschen hat Folgen. All die erwähnten Eigenheiten der Menschen und ihr Wille, die Natur zu beherrschen, führt zum Untergang ihrer Kultur, nicht aber der Natur. Oft wird die Fehlentwicklung zurückgeführt auf den Satz 1,26 im Buch Genesis: «Dann sprach Gott: Lasst uns Menschen machen als unser Abbild, uns ähnlich. Sie sollen herrschen über die Fische des Meeres, über die Vögel des Himmels, über das Vieh, über die ganze Erde und über alle Kriechtiere auf dem Land.»

Trotz aller Technik, aller Wissenschaft, ist abzusehen, dass die Menschen, mit ihren bisherigen Methoden die Naturkatastrophen nicht bewältigen können. Ausfall von Strom, von Energie, von Rohstoffen, Bevölkerungswachstum nehmen zu. Meine Prognose ist: Nach Blackouts, Überschwemmungen, Bergstürzen, Rückgängen der Gletscher und Eiskappen steht alles still: Verkehr, Maschinen, Fabriken, Spitäler und so weiter und so fort. Eines bleibt, die Natur. Die hochzivilisierten Menschen haben keine existenziellen Erfahrungen gemacht. Wie orientieren sie sich ohne GPS (Global Positioning System)?. Wie wird Feuer gemacht, werden Hütten gebaut? Wie wird ein Tier, erlegt? Was ist essbar und wo ist es zu finden? Wird der Bauer noch wissen, wie er ohne Traktor die Erde bebauen, säen und ernten kann?

Man kann sich viele «Satiren mit Implikation» ausmalen – wir kennen es als Galgenhumor: Der moderne Mensch, mit seinem Handy verzweifelt eine Verbindung suchend, sieht das bedrohende Raubtier nicht, erschrickt, wirft ihm das Handy in den Rachen und meint, er sei gerettet. Der moderne Mensch rettet sich vor dem Hochwasser auf einen Berg und möchte eine Arche Noah bauen. Es fehlen ihm die Maschinen dazu und die Kenntnisse, wie es ohne zu machen wäre. Und es fehlt die Zeit, sich die Kenntnisse anzueignen. Sehr viele Menschen werden diesmal kein hohes Alter erreich, sondern sterben. Erdweit. Wir können uns an den vielfältigen Satiren ergötzen oder begreifen, dass unsere Kultur ein Ende nehmen wird. Viel besser wird ein solches Szenario von Cormac McCarthy in seinem Buch «The Road» (2006) beschrieben. Der Roman handelt von einem Vater und seinem Sohn, die sich, nach einer Katastrophe, durch ein Amerika in Schutt und Asche schleppen.

Diese Sichtweise wollen Menschen nicht wahrhaben, sind sie doch die höchstentwickelten, die Erde beherrschenden Lebewesen.

Ich bin überzeugt, heutige Technologie beschleunigt den Untergang. Techniken, die nicht auf der Nutzung von regenerierbaren Ressourcen beruhen, widersprechen den Naturgesetzen. Heutige Wissenschaft beruht auf Methoden, die nur auf materiellen und nicht geistigen Erkenntnissen beruhen. Geistige Erfahrungen, beruhen auf beidem, Materiellem und Geistigem, sie bedürfen keiner Beweise. Das führt mich zu meiner Überzeugung, Philosophie muss erweitert werden zu Biokosmosophie oder vereinfacht zu Biosophie. Was ich darunter verstehe, erkläre ich im letzten Kapitel.

Trotz der Prognose unsere Hochkultur werde scheitern, sehe ich eine Zukunft für die Menschen, wenn sie ihre einseitigen Eistellung zur Natur aufgeben. Damit will ich nicht eine Weltuntergangsstimmung verbreiten, sondern im Gegenteil, dass eine Hoffnung besteht. Das allerdings verbunden mit der Einsicht, dass die Zeitspanne eines Menschenlebens nicht ausreichen wird, jene Hoffnung erfüllt zu sehen. Mehrere Menschengeneration werden vom Untergang unserer Hochkultur betroffen sein. Aber ein Neubeginn ist möglich. Wie wäre es mit der Einsicht, die Jahrtausende dauernde Entwicklung sei fehlgelaufen? Das Begreifen unserer Einbettung in die Natur kann nicht mit der heutigen Technik, Wissenschaft und Philosophie allein verstanden werden. Es gibt noch einen anderen Weg, den ganzen Kosmos und sein hochkomplexes, wunderbares Ineinandergreifen zu ergründen, nämlich Erkenntnisse zu gewinnen mit allen Sinnen. Und sie führt zu einem anderen Handeln. Dass es diesen Weg gibt, zeigen die beschriebenen Beispiele vom Erkennen des genetischen Codes ohne Technik im Buch der Wandlung «I GING». Auch die auf reiner Erfahrung beruhende Heilkunst weist diesen Weg. Oder die frühen Einsichten zur Organisation in Gesellschaften am Anfang der Menschwerdung, beschrieben von Philipp Plom sowie von David Graeber und David Wengrow. Diese Forscher befassten sich intensiv mit Organisationsformen in frühen Stadien der Menschwerdung. Die Hoffnung besteht also darin, dass die Menschen die oben erwähnten Einsichten gewinnen oder wiedergewinnen und danach handeln. Geschieht das nicht, heisst es nicht, dass keine andere Entwicklung möglich ist. Es gibt noch Milliarden von Planeten auf denen das möglich ist.

Ich füge hier noch etwas Persönliches ein: Die Voraussage einer für die Menschen vorerst unvermeidlichen Wende kann als Untergangsstimmung gesehen werden, die mehr mit meinem Alter von achtzig Jahren zu tun hat, als mit der Realität. So wurde mir im Alter von fünfzig Jahren schon vorgehalten, meine «Weltuntergangstimmung» sei nicht angesagt. Heute merke ich, dass es schon damals intuitiv zu erfühlen war, in welchem Zustand unsere Erde sich befindet. Tatsache ist, dass ich diese Vorahnung noch früher, im Alter von dreissig Jahren hatte. Damals schrieb ich in einem Aufsatz mit dem Titel «BIOSOPHIE oder das Leben lehrt uns leben» als Einführung: «Das ist es, was mich interessiert: Sind die Gesetze der Natur übertragbar auf die menschliche Gesellschaft und was hätte das allenfalls für Konsequenzen? In meiner Website ist das Original wiedergegeben.[18]

---

[18] www.biosophie.tv

4. Erweiterung des Weltbilds

Die Gegenwart

Wenn wir die Einsicht akzeptieren, dass unsere «Kultur» in ihrer Art und Weise zu Ende gehen wird, könnte Fatalismus, «Apres nous le déluge», überhandnehmen. Genau so sieht es momentan aus. Die Wirtschaft boomt, die divergierende Verteilung von Materiellem nimmt zu. Die Bewahrung des Wohlstandes muss um jeden Preis erhalten werden. Ja man kann sich fragen, ob man diese Entwicklung bremsen soll. Oder wäre eine Weiterführung gar förderlich, damit der Neubeginn eher geschehen kann? Wie auch immer, vielleicht merken die Menschen, wenn die Katastrophe immer grösser wird, dass es nur die Möglichkeit gibt, entweder Privilegien möglichst lange zu bewahren, oder wenigstens den Untergang unserer «Kultur» für alle erträglicher zu gestalten. Ohne Verteilkämpe, ohne Kriege, ohne Schuldzuweisungen, ohne Diskriminierung ohne Beharren auf den alten Vorstellungen einer Überlegenheit der Menschen. Genau in diesem Dilemma leben junge Menschen heute. Klimawandel, Endlichkeit von Ressourcen, Verteilungskämpfe, Kriege einerseits – andrerseits unbeschränkte Weiterwursteln –man kann es nicht anders nennen – wie bisher. Wie sollen die jungen Menschen da nicht festhalten am Glauben, es könne so weitergehen?

4.1. Schlussfolgerung

Moderne Technik, Wissenschaft und Wirtschaft sind am Ende – einseitige Philosophie hat nicht weitergeführt. Die heutige Philosophie ist beschränkt, weil sie nicht zum Handeln führt. Erst das Empfinden mit allen Sinnen und danach Überführen in HANDELN führt weiter. Dabei gibt es zwei Phasen: Die eine, wie handeln in der Übergangszeit. Im Kapitel 5.3 Fazit werden dazu Vorschläge gemacht. Die andere, wie handeln aufgrund der neuen Erkenntnisse: einfühlen und verstehen der Natur führt zu Erkenntnis. Ich nenne das Biosophie.

Spätestens jetzt ist es an der Zeit zu überlegen, ob nicht andere Methoden besser zum Wohlergehen ALLER beitragen würden. Im Kapitel 1.2 «Die Erfindungen der Menschen und ihre Auswirkungen» sind die Errungenschaften und daraus entstehende Probleme dargestellt. Erkenntnisse daraus weisen den Weg.

Eine Gleichstellung der Menschen, wurde in Jahrtausenden nie erreicht – Gerechtigkeit blieb auf der Strecke. Die Frage ist: Sind die Menschen fähig jene Gene zu finden und nur die zu entfernen, welche das Anstreben von Privilegien, die Machtgier bewirken? Wenn dieser Weg eingeschlagen würde, bedeutete es, dass der missratene Weg der technischen, materiellen, wissenschaftlichen Methoden weiterhin beschritten würde, also jener Methoden, die bisher nicht zum Ziel geführt haben, die Menschheit zu retten.

Dass es andere Methoden gibt, wird in «I Ging und der genetische Code» dargestellt: Der Schlüssel der Erbschrift – im letzten Jahrhundert geknackt – wurde schon vor 4000 Jahren gefunden mit ganz anderen Methoden. Ohne Technik, Imitation oder Nachbesserung der Natur aber Konzentration auf das geistig-körperliche Bewusstwerden war es möglich ebenso den Code des Lebens zu finden. Auch andere Methoden wie Naturheilkraft durch Entdeckung von Meridianen, Akupunktur oder Meditation weisen auf andere Wege hin. Auch die bewundernswerten, dezentralen Anwendungen vor der Industrialisierung seien hier erwähnt.

Das Fazit lautet: Naturkraft statt Industrie, Gewissenschaft statt Wissenschaft, Biosophie statt Philosophie.

Erste Schlussfolgerung:

Die Jahrtausende alte Entwicklung ist fehlgelaufen. Fehlt den Menschen die Einsicht ein winziger Teil des natürlichen Gefüges zu sein, haben sie keine Zukunft.

5. Eine andere Dimension von Wahrnehmung

Im Kapitel über Menschenaffen wurde dargelegt, welche Sensibilität diese Tiere haben. Es gibt viele Betrachtungen, die annehmen (Maertth, Jablonka u.a.m.), dass beim Menschen die Balance zwischen Hirn und den Sinnen verloren ging. Eine weiter Dimension ist die, dass eine ursprüngliche Fähigkeit zu übersinnlichen Wahrnehmungen verschwunden ist (Maerth). Diese Komponente hat ihre Quelle im Jenseits. Meine Sicht beruht auf der eindrücklichsten Erfahrung, die ich je erlebt habe.

5.1 Nahtoderfahrung

JENSEITS DER SONNE

Baden 1996, Pierre Mollet

Mit einem Schlag war ich hellwach. Obwohl ich doch schlafen wollte nach dem langen Abend. Eingeschlafen war ich zwar, nach unserem Konzert, das mich emotional nicht besonders berührt hatte. Trotzdem war ich aufgedreht gewesen, hatte noch ein wenig gepafft, war bald doch müde geworden und endlich eingeschlafen. Jetzt, plötzlich, mitten in der Nacht, es war etwa drei Uhr, war ich so wach wie noch nie in meinem Leben. Ich setzte mich auf die Bettkante. Die Augen wanderten durchs Zimmer, alles war ganz klar, die Wände, der Schreibtisch, die Stühle, der Teppich, die Kistengestelle, der alte schwere Kassen-schrank. Alles so klar, so wirklich. Klarer als klar klar sein kann, wandiger als Wand Wand sein kann - und farbig. Das ganze Zimmer nahm ich mit allen Sinnen gleichzeitig wahr, vor mir, hinter mir, neben mir, alles gleichzeitig und was ich nicht direkt ansah, spürte ich trotzdem.

Ich wollte wieder schlafen, bald wäre wieder Morgen und ich dann müde. Wieder legte ich mich ins Bett und ver-suchte Schlaf zu finden. Aber es ging nicht. Ich musste wie-der aufstehen, stellte mich ans Fenster und schaute in den Garten. Alles war farbig, nicht grell, sondern einfach in-tensiv farbig. Blätter grün wie nur Grün grün sein kann – grüner als grün. Ziegel rotbraun, so braun und zugleich rot. Und die Kindermalerei an der Hüttenwand mit der Sonne drauf war rot und gelb wie nur die Sonne Gelb sein kann.

In diesem Zustand konnte ich nicht schlafen. Ich muss-te hinaus. Hinaus, die nie dagewesene Wachheit erleben. Ich spazierte über Wege, durch Äcker und Felder. Leich-te Böen bewegten die Äste der Tannen am Waldrand. Ein Schauspiel, wie das Wogen von Wellen am Atlantik – je-doch vertikal. Die Bewegung sehe ich noch heute, wenn ich nur daran denke. Ein Schauspiel auch von bewegten Farben, von Grün, Rot, Braun wellenartig über die «Wald-wand» hinstreichend. Van Gogh muss solche Filme ge-sehen haben.

Vincent Van Gogh, Weizenfeld mit Raben, Auvers sur Oise, Juli 1890

Allmählich ging die Sonne auf, eine immer weisser wer-
dende Scheibe, aufsteigend am Horizont. Etwas bewog
mich, in diese Scheibe zu schauen. Zwar erinnerte ich
mich der Mahnung, wie schädlich das sei. Aber die Ein-
gebung war stärker. Die Scheibe wurde gleissend, weiss-
glühend wie die Wasseroberfläche eines Sees bei Vollmond
und absoluter Windstille. Mit dieser Betrachtung wandelte sich das Bild zur Vorstellung eines Himmelsgewölbes
unter dem wir uns eingeschlossen, behütet und doch in
grossem Raum befinden. Eine silberweisse Scheibe deute-
te die Endlichkeit des Gewölbes an. Es erinnerte mich an
mittelalterliche Darstellungen des Himmels. Wie gebannt
schaute ich diese Sonne mit der ganzen mystischen Sze-
nerie und erlebte so zum ersten Mal das Himmelsgewölbe
losgelöst von allen wissenschaftlichen Vorstellungen. Das
Gewölbe war endlich, gross und ohne Zweifel die absolute
Wirklichkeit.

Mittelalterliches Himmelsgewölbe

Unversehens wandelte sich die Sonne: Statt der undurch-
dringbaren weissglühenden Metallscheibe war plötzlich
ein Loch. Es entstand nicht oder wandelte sich, sondern
war schlagartig da wie selbstverständlich, vollkommen
natürlich, eine andere ebenso gültige Sicht. Ein Himmelsgewölbe, an dem an einer Stelle ein Loch war. Eine Durchsicht auf die andere Seite. Ich staunte und war mir doch
der Wahrheit der Sicht bewusst. Von diesem Loch aus
oder durch dieses Loch war der Durchblick in eine andere
Sphäre möglich. Das Jenseits. Und von diesem Loch fielen
Strahlen bis zu mir auf die Erde, wie an einem sonnigen,
dunstigen Tag.

Die Strahlen führten aber auch in die andere Richtung;
von der Erde weich samten, neblig, immer bestimmter,
härter werdend und gerade hinführend auf den grossen

Durchlass im Gewölbe. Die Strahlen flossen gleichzeitig in der einen wie in die andere Richtung. Ich war erstaunt, denn der Verstand begehrte auf, das sei doch nicht möglich. Die Gesamtheit der Sinne zeigte jedoch unwiderlegbar diese Wirklichkeit. Und noch mehr. Auch bei allen späteren Bildern, die Verhältnisse zeigten, die sich in meinem Kopf bisher ausschlossen, waren diese Phänomene neue Gewissheit: Strahlen gehen in beide Richtungen; ein Loch kann Nichts ebenso wie eine undurchsichtige Scheibe sein und - im Jenseits ist Alles und Nichts zugleich. Oder, was ich sehe, sehe ich vor mir mit den Augen, mit allen Sinnen «sehe» ich sehr wohl auch, was hinter mir ist.

Foto der strahlenden Sonne

Den Strahlen folgend, befand ich mich plötzlich oben im Scheideloch und sah mich stehen auf dem Feldweg. Ich sah mich ganz deutlich in der ganzen Körperlichkeit auf dem steinigen Weg stehen und war gleichzeitig oben im

Loch. Da verspürte ich Angst. Das ist doch nicht möglich; ich kann doch nicht oben sein, meinen Körper verlassen haben und gleichzeitig unten stehen. Die Angst wurde mir genommen. Ich konnte wieder ganz unten sein, die gleissende Durchsicht anschauen, mich überzeugen, dass ich unten war – und wieder von oben schauen, mich unten auf dem Weg zwischen Post und Waldrand stehen sehen. Ungläubig wiederholte ich den Wechsel unzählige Male, bis ich die Gewissheit hatte, dass ich jederzeit die Wahl hatte dort oder hier zu sein. Eine neue Gewissheit! Aber auch eine Wahl!

Wie ich mich entscheiden würde, ob ich mich entscheiden würde, ob ich mich entscheiden musste, wusste ich nicht. Zuerst einmal hatte ich die Gewissheit der beiden Möglichkeiten.

Dann schaute ich ins Jenseits: eine eigentlich nicht erzählbare Wirklichkeit. Denn dort, jenseits des Gewölbes ist Nichts und doch Alles. Der Raum ist unendlich und doch ist er erfüllt. Erfüllt von einem unendlich vernetzten Nichts. Jeder Bereich dieses Nichts ist ein Wesen. Die Wesen sind alle miteinander verbunden, greifen ineinander und sind doch wieder Bereiche, die sich voneinander trennen könnten. Da ist unversehens klar, dass die Art der Verständigung der Wesen im Diesseits ein krückenhaftes Gestammel ist im Vergleich zu jener der Wesen im Jenseits. Wozu wäre es nötig, miteinander zu reden, wenn doch alle mit allen verbunden sind? Wie könnte ich etwas sagen, das in seiner Beschränktheit der Wörter nur die halbe Wahrheit ist, wenn das andere Wesen doch sowieso die ganze Wahrheit kennt. Es erinnert an Momente im Diesseits, wo ich eines Anderen Gerede genau aufnehme, und gleichzeitig alles andere seines Wesens – die ganze Wahrheit, gar die Selbsttäuschung darin erkenne, aber machtlos bin, dies zu erklären. Die Individualwesen sind gleichzeitig sowohl ein einziges als auch ein allesumfassendes.

Jedes dieser Wesen des Wesens kann sich sammeln und das Jenseits verlassen, warum weiss es nicht aber es kann. Es weiss nicht, warum es das tut, es weiss nur, dass es das tut wie andere vor und andere nach ihm. Vor oder nachher? Wieder etwas das im Jenseits gar nicht existiert. Alles ist gleichzeitig und trotzdem eine Abfolge von Ereignissen, die jedoch in beiden Richtungen ablaufen können.

Das Einzelwesen weiss, dass seine körperliche Erscheinung nicht besser, schöner oder erstrebenswerter ist als seine geistige, aber der Wunsch das Jenseits zu verlassen ist da und die Erfüllung immer möglich. Es ist in dem Sinn keine Wahl oder gar Qual der Wahl, sondern eine Möglichkeit die besteht und mit plötzlicher Gewissheit gewählt wird. Die körperliche Erscheinung eines Wesens kann auf unserer Erde geschehen, oder ebenso gut in andere Welten hinein.

Ich stand auf der Erde und ging weiter. Der Wind rauschte in den Waldrand hinein, die Matten waren grüner als grün, der Mergel gelbbeiger als je, der Himmel blauweisser als klar und die Sonne strahlender.

Ich spazierte weiter, nach Hause, bewunderte noch länger die neue Wirklichkeit und ging letztlich wieder schlafen.

Das Erwachen war anders. Nicht mehr jene Wachheit und doch die Gewissheit, dass das Erlebnis kein Traum, keine Fantasie oder Halluzination war, sondern die Wirklichkeit, keine andere, sondern *die*.

Und doch begann ich zu zweifeln. Lange Zeit erzählte ich niemandem von meinem Erlebnis. Erst Jahre später wurde ich aufmerksam auf die Bücher von Kübler-Ross und verschlang sie gierig. Sie berichten von Leuten die Sterbeerfahrungen gemacht hatten, letztlich aber nicht von dieser Welt gingen. Jetzt erst war ich wieder überzeugt: denn was ich erlebt hatte, war nun nicht mehr ein Einzelerlebnis, das so oder anders hätte sein können, sondern es entsprach genau diesen Erfahrungen. Immer wieder wurde übereinstimmend berichtet, wie der Körper verlassen wird, wie er von aussen beobachtet und wieder in ihn eingekehrt werden kann. Diese Überzeugung kann mir niemand mehr nehmen.

An dieser Stelle sei der Text meines Songs «East Of The Sun» beigefügt.[19]

---

[19] *Youtube, Pierre Mollet, East of the Sun*

East Of The Sun

30.12. 2019 Pierre Mollet

There was a day I don't forget
Late night it was, and I in bed

At one stroke, the night was killed
Sleep was gone against my will
No sleep was possible anymore
Pulled me off as never before

I saw the world in all new shape
I left the house wearing my cape
Colors shining, the night was lighter
The day becoming always brighter

And then the sun was raising slowly
Becoming big and bright first only
Then shining strong and stronger
As if it said, do look no longer

But I did do it, took all risk
Stared to the sun, the glittering disc
It dazzled me but did not harm
I felt so good and even warm

All of a sudden blinding stopped
A fact that never could be topped
Became a hole where I looked through

Immense waste space nothin to do
And then it happened, can it be?
Down on the path, yes, I saw me
No one else, a little wee
It was no doubt, it was me

Am I now here or am I there
Or can one be, like everywhere
I could not bear uncertainty
Although I`ve seen eternity

Therefor then, decided I
"Go up the way" and then try
To leave the sun until it`s known
You can decide that on your own

When I was up I saw me on the way
Down, through the sun, I looked to far away
Why you decide to leave the east
I did not get to know at least

Why ever do you leave the east
Although you know on earth are beasts
Beyond the sun it needs no speech
Between all souls you ever meat

On earth you work, you eat and speak
But never know your neighbors leak
Therefor I really wonder why
Some of the souls once leave the sky

Thus at the end, believed it true
mind is here but in the air it`s too

And if I once will fly away
I can see you on your way

Im Jenseits ist alles Geistige miteinander verbunden und
wird vererbt. Im Jenseits gibt es keine Sprache – die Kommunikation ist umso vollständiger. Beide Entwicklungen
greifen ineinander über und bewirken gemeinsam die Evolution. Hier sei ein Sprung zur Quantenphysik erlaubt. Mit
riesigem Aufwand weltweit wird versucht ein Phänomen
der Quantenphysik zu nutzen. Das Phänomen, das nach
jahrelanger Forschung erkannt und als existent akzeptiert wurde besagt: In der Welt der Quanten können Teil-
chen tatsächlich miteinander verschränkt sein und sich
gleichzeitig an verschiedenen Orten in unterschiedlichen
Zuständen befinden. Diesen Zustand kann man auch erkennen in der Verbindung mit dem Jenseits wie im obigen
Gedicht beschrieben:

«Thus at the end believe it true,
 mind is here and in the air it's too.»

Ja es ist schwer vorstellbar, dass mit andern Methoden Erkenntnisse gewonnen werden. Aber nur deshalb, weil in
tausenden von Jahren ein anderer Weg beschritten wurde.

5.2   Musik als übernatürliche Intuition

Als Verständigung jenseits jeder Sprache ist die Musik bei Menschen besonders ausgeprägt. Sie waren seit jeher begleitet von diesem Phänomen. Auch andere Lebewesen wie Vögel, Delfine und viele andere verwenden eine Art Musik. Bei den Tieren wird Musik zu Kommunikation gebraucht ohne dass daneben eine zusätzliche Sprache existiert. Wie bei Menschen wird die Kommunikation an Nachkommen weitergegeben. Die Menschen haben zudem Instrumente erfunden, welche das Phänomen variabler gestalten lassen. Und sie erfanden eine Noten-Schrift. Hier gibt es Parallelen zum Zweigestirn Sprache/Schrift. Ich erinnere an das Kapitel 1.2.2. «Begegnung Sprache, Schrift beim Menschen». Die Notenschrift hat den Vorteil, Musik zu verbreiten, ohne direkten Kontakt. Sie hat den Nachteil, dass Musik über ein Bindeglied zustande kommt. Nachahmen, Zuhören, Einfühlen ist weniger gefordert. An Musikschulen wird oft Musik über das Bindeglied Noten gelehrt. Zudem beschreibt die Musiktheorie als Harmonielehre überzeugende Gesetzmässigkeiten. Erstaunlich ist dabei, dass Menschen auch ohne Kenntnis der Theorie musizieren können. Es gibt also auch hier einen Zugang, der lediglich darauf beruht, alle Sinne zu nutzen. Singen und Musizieren basieren auf einer Verbindung zum Übernatürlichen. Ähnlich wie beim Erlebnis «Jenseits der Sonne» erfuhr ich das in der Jugend, allerdings ohne zu erkennen, wie das möglich war. Ich konnte von Beginn zu vorgegebener Musik spielen. Einzig die Technik eines Instruments musste ich lernen. Es ist also möglich, zu musizieren, ohne eine Ahnung zu haben, wie Musik aufgebaut ist. Oft wurde ich gefragt, wieso ich spielen könne, ohne ein Stück zu kennen. Ich antwortete immer gleich. Erstens, wenn die Musik stimmt, dann kann man dazu spielen, und zweitens gibt es eine Art Vorahnung, wohin die Musik führt, sodass es nicht im Moment vom Hören aufs Spielen umgesetzt werden muss, sondern vorbestimmt ist. Erst nachdem ich ein paar Semester Jazzschule absolviert hatte, merkte ich, dass alles wonach ich intuitiv spiele, einen theoretischen Unterbau hat, der diese Intuition bestätigt.

Zwar gibt es in verschiedenen Kulturen Musik, die ganz typisch und unterscheidbar tönt. Immer aber ist es möglich, ohne Theorie mitzuspielen. Ich weiss das aus Erfahrung durch Spielen mit Afrikanern, Arabern, Balinesen, Brasilianern, Amerikanern oder Japanern. Darum sage ich provokativ: Alles, was die Wissenschaft entdeckt und mit Theorie hinterlegt, kann intuitiv erfahren werden. Zudem weiss ich heute, dass für mich Musikmachen der einzige Zustand ist, in dem ich nichts denke – es ist wahre Meditation. Darum schrieb ich einmal in einem Aufsatz als Letztes «Ich bin Musik»

Da ist die Welt und da bin ich, unerklärlich und
doch wahr. Es ist alles möglich, alles unmöglich,
ein brodelndes Etwas von Wissen und Unwissen. Was
ich weiss, das verstehhe ich und was ich verstehe,
das weiss ich doch nicht, denn es hat noch andere
Gesichtspunkte - immer wieder andere, die ich auch
verstehen will und deshalb mich auf einer endlosen
Strasse befinde, auf der ich mich links und rechts
zur Mitte orientieren kann. Da steht rechts die Geschichte " Von der Scholle zum weissen Berufsmantel"
und auch rechts noch andere, andeutungsweise geklär-
te und somit im Nebel undeutlich dahinschwebende.
Sind Worte eine Chance etwas nicht bis ins Detail
beherrschen zu müssen? Sind Töne vielleicht doch
dazu da, etwas nicht beherrschen zu müssen, sondern
sich selbst darzustellen. Gebt mir eine Flöte und
ich zeige euch wer ich bin. Die Welt der Töne ist
die Welt der Vögel, beschwingt bis zum Todessturz.
So sind auch dieMenschen, nur oft nicht beschwingt
aber sie sind bis sie nicht mehr sind. Sie könnten
auch sein um zu sein. Verstehen heisst sein und
sein heisst vertehen, darum vertehen so wenige. Wie
unendlich mannigfaltig sind die Gefühle ohne dass
Worte sie je fassen könnten. Darum will ich Töne -
ich bin, wenn ich Musik bin. Ich bin, wenn ich
höre. Ich bin auch, wenn ich sehe, fühle,rieche ...
am meisten fühle ich. Ein eigenartiges Fühlen. Ein
Fühlen, das es auch gibt bei der Musik. Musik ist
etwas, das man fühlen kann. Schauerlich kann sie
einen erbeben, freudig kann sie einen erfassen,
überschäumend kann sie einen durchströmen - jubi-
lierend, tosend, Tränen auslösend. Ich bin Musik.

13. 7. 1974   Soft Stone

Nach jahrelangem Unterbruch, bedingt durch einen Herzinfarkt, hatte ich 2020 unversehens wieder genug Puste um meine Blasinstrumente zu spiele. Ich machte hunderte von Aufnahmen.[20]

Fast alle Aufnahmen der letzten drei Jahre sind in spontaner Improvisation entstanden. Ausgehend von dieser Erfahrung mit Instrumenten überlegte ich, wenn ich so gut nach Gehör spielen kann, müsste ich doch auch singen können. Ein Leben lang hatte ich behauptet, Singen könne ich nicht. Ich gewann das Zutrauen und es wurde eine Offenbarung. Singen baucht nicht den Umweg über ein Instrument – und kann erst noch kombiniert werden mit Sprache.[21]

Für mich ist das Erlebnis eine Bestätigung der Einsicht: Eine Weltsicht zu finden mit allen Sinnen – nicht kopflastig – und mit einer Verbindung zum Jenseits, wird in eine Richtung führen, die die Menschheit überleben lässt.

5.3   Fazit

Die Menschheit ist zwar am Abgrund aber nicht dem Untergang geweiht. Wir und nächste Generationen schlittern in einen gewaltigen Umbruch. Was ist dann noch der Sinn des Lebens? Es gibt zwei Möglichkeiten:

---

[20] Link for Favorites: https://drive.google.com/drive/folders/1rPdevfjsDe8w9OA9sp22I2VRo4ymNvTR

[21] Youtube, pierre mollet, rock

Erste Variante:

Aus vielen Beispielen erwähne ich einige.

1. Wissenschaftler können Resultate, die Gefahren für Mensch und die Natur aufzeigen, nicht nur in wissenschaftlichen Zeitschriften publizieren, sondern auch in Zeitungen. Sie können deren Verursacher und die zuständigen amtlichen Stellen damit konfrontieren. Wenn sie keine Verbesserung erreichen, haben sie wenigstens ein gutes Gewissen.

2. Armeeangehörige können Anordnungen, welche die Persönlichkeitsrechte einschränken, bekämpfen. Sie können sich dafür einsetzen, dass Überleben wichtiger ist als Gewinnen um jeden Preis.

3. Wie wäre es im Lehrberuf, einmal den Lehrplan ausser Kraft zu setzen zugunsten von Wissenswünschen, die die Schüler einbringen? Oder gar wie es der Rektor eines Lehrerseminars der Nordostschweiz gewagt hat: Er weigerte sich, einen neuen Lehrplan zu erstellen mit der Begründung das sei nichts als ein Papiertiger.

4. In Unfallsituationen kann man sich engagieren, statt vorüberzugehen, wenn Verursacher und/oder Beteiligte ihre Verantwortung nicht wahrnehmen.

Zweite Variante:

Alle können, wenigstens bei sich und ihrem Umfeld Gier, Machtstreben, eigennütziges Handeln vermeiden und mehr in sich hineinhören, was ihnen und andern, guttut. Andere beschenken macht Freude. Jedes soziale Engagement fördert den eigenen Frieden, ebenso das Anstreben einer Zuversicht wie «im Jenseits existiert man weiter – bis man auf dem Planet Erde oder anderswo zurückkommt».

6 Biosophie

Biosophie ist das Weltbild, das sich am Leben orientiert und im Jenseits verankert ist. Unser Sein im Diesseits ist an Materie gebunden und birgt das Geheimnis der pulsierenden Gestaltung. Es ist aber auch mit der Existenz im Jenseits verbunden. Die Biosophie befasst sich mit beiden Seiten.

Im **Diesseits** heisst es, sich mit allem auseinander zu setzen, was unser Leben ausmacht; nicht nur im Denken, sondern auch im Handeln. Im Denken, indem alle möglichen Überlegungen durchgespielt werden zu den Themen Leben und Tod – wie in der Philosophie. Im Handeln einerseits durch die Auseinandersetzung mit der Beziehung zu allen Lebewesen, andrerseits mit der handwerklichen Gestaltung und dem Be-*greifen* unserer Umgebung. Ebenso wichtig sind existenzielle Erfahrungen wie etwa Reaktion in Extremsituationen, Verhältnis zum Töten von Lebewesen, Erleben von Naturgewalten, spontane Einschätzung von Personen, Ausleben von Freude, Kummer, Angst, Trauer, Liebe und Sorge.

Eine Auseinandersetzung mit dem **Jenseits** ist ebenso Teil der Biosophie. Dabei ist es nicht Bedingung, ein Jenseitserlebnis zu haben, obwohl es die Gewissheit fördert. Wichtig ist die Suche nach einer Verbindung zum Jenseits. Leben wird oft definiert als «an Materie gebunden» oder «belebte Materie». Biosophie definiert das anders: Leben ist nicht nur an Materie gebunden, sondern spielt sich auch rein im Geistigen ab. Das materielle Leben spielt sich zwar im Diesseits ab, ist aber verankert im Jenseits, weil dort die Gesetze des Lebens genauso gelten, dort ruhen und dort allein allen Wesen klar sind.

Es wurde bereits dargelegt, wie mit anderen als materiellen wissenschaftlichen Methoden auch Erkenntnisse gewonnen werden können. Und es ist erwiesen, dass bis heute auf der Erde mit den bisherigen Praktiken der Menschen, immer die Privilegien-Wirtschaft fortgeführt wurde. Die Erkenntnis endete mit dem Fazit: Bis anhin ist das irdische Experiment der Menschen gescheitert.

Die grosse Frage ist jetzt, wie ein irgendwie geartetes Wesen mit dem Wunsch nach Austritt aus dem Jenseits trotz Materialisierung *nicht* der Privilegien-Wirtschaft oder dem Machtstreben verfällt. Die irdischen Wesen brachten es mit ihren Methoden zu materiell überzeugenden Leistungen wie Industrialisierung, Automatisierung, Digitalisierung, Roboterisierung, ja bis hin zu einem künftigen gezielten Verändern des Erbguts. Erstaunlich ist, wie der Mensch seit jeher versucht, die Natur zu verbessern oder zu kopieren. Wenn man seine «Werke» objektiv vergleicht mit Naturphänomenen sind sie trotz aller Errungenschaften immer weniger überzeugend als die biologische Lösung. Ich erinnere an den Vergleich des Vogelflugs mit dem eines Flugzeugs. Oder, als Neustes möchte man gerne bei Computern die Speicherprobleme, Effizienz, Selbstüberwachung erhöhen, indem man möglichst nahe an ein lebendes menschliches Gehirn herankommt. Ja die technischen Fortschritte sind eindrücklich. Nur, wenn man sie vergleicht mit Lebensvorgängen staunt man noch mehr, ob deren Selbstregulation, Effizienz, Entwicklungspotenz. Beispiele gibt es Tausende – nicht nur den Vogelflug, sondern die Entwicklung eines Embryos, allgemein das Wachstum eines Lebewesens vom Ei oder vom Samen bis zur vollständigen Gestalt (siehe auch eine Zeichnung dazu im Kapitel 2.3. Das biogenetische Grundgesetz). Ich wiederhole: Auch die Selbstheilung von Knochenbrüchen, die autonome Reparatur des Erbgutes usw. sind eindrückliche Beispiele. Bei aller Achtung vergleiche man, mit welchen materiellen Techniken man so vieles erreicht hat und den Zustand, in dem die Erde und ihre Lebewesen sind. Könnte es nicht sein, dass der Mensch sich einseitig orientiert hat? Nach meiner Überzeugung sind wir alle mit dem Jenseits verbunden, wo alle Gesetze der Natur ebenso präsent sind nur immateriell. Es gälte diese Verbundenheit aufzuspüren; aber nicht mit technischen, materiellen Mitteln, sondern mit geistig/seelischen. Wenn es schon vor viertausend Jahren möglich war, den genetischen Code zu finden, sollte das doch ein Hinweis sein, dass es noch andere Wege gibt, Einsichten in die erstaunlichen Organisationsphänomene der Natur zu gewinnen.

Ich wiederhole die Frage: Ist der Homo sapiens in seiner heutigen Art, eine Fehlentwicklung? Das wird zum Beispiel in der Bibel als Austreibung aus dem Paradies beschrieben. Dabei hätte doch der Mensch mit seiner Hirnkapazität, den Einklang mit allen Sinnen suchend, die Möglichkeit, eine nachhaltige, ausgewogene, und gerechte Entwicklung anzustreben. Wieso die einseitige Förderung der materiellen, technischen Sicht? Ich insistiere; es gibt andere Wege:

1. Vergleicht man den Menschen mit seinen nächsten Verwandten, fällt auf, welch grösseres Hirn der Mensch hat. Studien an Menschenaffen zeigen zum Beispiel, wie gross ihre Sensibilität ist und wie sie im Einklang steht mit allen Sinnen. Ich erinnere an das Beispiel der Affenmutter die ohne es je erlebt zu haben, erkennt, dass sie das von Menschenhand aufgezogene Affenbaby nicht in die Arme nehmen kann und eine Strategie hat, wie sie das innerhalb von 24 Stunden erreicht. Ohne Sprache, nur mit Handeln mit grösster Sensibilität - in Balance mit allen Sinnen.

2. Eine weitere Theorie zielt auf die immense Grösse des menschlichen Gehirns hin und bezeichnet es als Fehlentwicklung: Oscar Kiss Maerth, «Der Anfang war das Ende – Der Mensch entstand durch Kannibalismus» erklärt die enorme Entwicklung des Gehirns damit, dass Ahnen der Menschen begannen das Gehirn von Frühmenschen zu fressen.

3. Eine andere Überlegung weist ebenso auf eine Fehlentwicklung hin. Der Mensch wird geboren mit erstaunlichen Fähigkeiten: autonomes Lernen, Neugier, Intuition, Offenheit, Kreativität sind die überzeugenden Attribute von Kindern. Sensibilität basierend auf der Gesamtheit der Sinne wie bei Menschenaffen ist vorhanden. Leider werden diese weniger gefördert als behindert. Selbst für Menschen wäre eine positive Entwicklung nicht hoffnungslos, wenn sie die Verbindung zum Jenseits erkennen und fördern würden. Statt die immense Hirnkapazität positiv zu nutzen führte es die

Menschen in eine falsche Richtung. Oft nutzen sie den «Verstand», um Erklärungen, Begründungen, Rechtfertigungen zu suchen mit dem Resultat sich selbst zu täuschen. So etwa die Begründung eines Krieges mit der Religion, mit der Notwendigkeit Ressourcen zu schützen und anderes mehr. Auch in der menschlichen Psyche ist das weit verbreitet. Würden Menschen lediglich ihr Handeln betrachten, wären Täuschungen offensichtlich. Wie wäre es mit der Einsicht «Reden ist Silber, Handeln ist Gold»?

4. Eine Fähigkeit der Menschen deute ich als Zeichen der Verbindung mit dem Jenseits. Es ist bekannt wie Menschen die Psyche anderer erfassen können ohne mit ihnen darüber zu reden. Den Grund sehe ich darin, dass dies im Jenseits selbstverständlich ist. Sobald man eine Verbindung dorthin herstellen kann, ist es nicht mehr erstaunlich in die Psyche des andern hineinsehen zu können. Mir fällt ein, was ich vor fünfzig Jahren dazu schrieb.

Wild brodeln die Gedanken. Gedanken über das Wesen,
das die Menschen erfüllt. Wie eigentümlich fremd
sind sich doch Bekannte, obwohl sie reden und reden
über alles und nichts. Und wie klar steht es in ihren Gesichtern, in ihren Gebärden und Taten was sie
sind. Dabei sehe ich sie, diese Wesen in ihrer un-
begriffenen Eigenart und habe den Weg noch nicht
gefunden es ihnen mitzuteilen. Denn bis anhin ver-
fügen sie es nicht. Vielmehr wirst Du geboten nichts
zu sagen, wenn Du wirklich empfindest. Die Intuitionen
sindwertlos. Zum Glück sind sie "wertlos", sonst
würde viel mehr Unheil geschehen auf dieser Erde.
Intuitionen in Geld umgewandelt, das wäre das Ende;
der Uebergang ins Höllische. Weit weg davon ist der-
jenige selten, der diese Dimensionen sieht; weit
weg aber auch nicht vom Himmlischen, Heilsbringenden.
Wer gibt mir die Gedanken? Wer nimmt sie mir weg?
Es muss eine Art magnetisches Zentrum sein, in dem
sie sie sich verdichten, umgelagert werden und mit
sonnischer Kraft wieder sich lösen, sich beschleunigen. Fort sind sie bis zum nächsten Zentrum. Wo
das sei? Das weiss ich nicht; wissen dessen könnte
Tod bedeuten.

14. 7. 1974   Soft Stone

Also welche Handlungen würden ein anderes Ziel haben
und welche Denkweise würde zu weniger Zerstörung,
Hunger, Ungerechtigkeit, Leid und Mühsal führen? Ist es
eine Besinnung auf die Verbindung zum Jenseits? Dort
ist alles geistig miteinander verbunden, es ist alles Allen

offensichtlich; Selbsttäuschung ist unmöglich. Erst die Materialisierung und insbesondere die «irdische Menschwerdung» führte zu der heutigen Entwicklung auf dem Planet Erde. Es bleibe dahingestellt, wohin das «Experiment Mensch» führt. Jedoch kann man sich ohne weiteres vorstellen, dass es nach dem Niedergang der sogenannten Hochkultur auf Erden, ein Weiterbestehen der Menschen gibt, sobald die Erkenntnis überhandnimmt, dass Leben nur möglich ist im Einklang mit der Natur. Passiert das nicht auf der Erde gibt es noch Tausende von Planeten im All, auf denen materielle Entwicklungen zu Lebewesen führen können, die in besserer Balance sind. Sie würden ihre Verbindung zum Jenseits nicht abbrechen lassen oder zumindest alles daransetzen, sie aufzuspüren und in einer materiellen Existenz anzuwenden.

Zweite Schlussfolgerung
Ein Fortbestehen der Menschen gelingt
nur, wenn ihre Einsichten auf allen Sinnen beruhen
und die Verbindung zum Jenseits akzeptiert wird.

7   Verbunden mit dem Jenseits

Alle Seelen sind im Jenseits in einem grandiosen Netz miteinander verbunden. Keine der Seelen ist isoliert, das Netzwerk ist so geartet, dass alle Seelen gleichzeitig Nachbarn sind. Es steht den Seelen frei sich in einen Körper hinein zu begeben und sich zu materialisieren. Das kann auf irgendeinem Himmelskörper geschehen, auf dem Bedingungen entstehen, die Leben erlauben. In Jahrmillionen können sich die Lebewesen vervielfältigen, entwickeln, ihr materielles Wesen verlieren und wieder ins Jenseits zurückkehren. Dieser Prozess der Verwandlung hat Auswirkungen auf die materialisierten Seelen. Wenn sie sich bewusst sind oder werden, können sie andere Seelen unter den Lebenden erkennen. Die Seelen können entweder danach streben den materiellen Zustand zu überwinden und sich so mit dem Jenseits zu verbinden. Oder sie versinken im Materialismus und sind so in ihrem materiellen Zustand dem Diktat der Materie unterworfen. Sie verbleiben in einer Art geistiger Umnachtung in der es kein Mitgefühl, Fürsorge, Einfühlungsvermögen gibt. Wenn sich die Mehrzahl der Lebewesen auf einem Himmelsgestirn in dieser Umnachtung befinden, herrscht Materialismus. Die Auswirkung ist Egoismus, Machtgier, Unachtsamkeit, Gefühllosigkeit, Selbstüberschätzung, ja Grössenwahn. Diese Lebewesen haben keine Chance auf Selbsterkenntnis, auf ein Leben indem sie anderen Lebewesen nicht übervorteilen, bekämpfen ja gar vernichten wollen. Sie streben dem Untergang zu. Anders ist es auf einem Himmelsgestirn auf dem die Seelen das Bestreben haben mit dem Jenseits, also allen anderen Lebewesen verbunden zu sein. Sie haben die Chance auch im materiellen Zustand dem

Jenseits nah zu sein. Also sich verbunden zu fühlen und so ein langes Bestehen zu erreichen. All das spielt sich nicht im Zeitraum einer Materialisierung ab, sondern in der Zeitdauer von Jahrtausenden. Jene Lebewesen welche die Verbundenheit mit dem Jenseits anstreben und dies mit allen ihren Sinnen verbinden, erkennen das an einer besonderen Fähigkeit. Sie können die Seelen in anderen Lebewesen erkennen. Das bringt sie in eine besondere Lage. Sie verstehen zwar andere Lebewesen, können sie nur im Bestreben dem Jenseits nahe zu kommen unterstützen, wenn diese die Verbundenheit suchen. Bei den Lebewesen auf dem Planeten Erde haben die Menschen ein Bewusstsein entwickelt, das sie befähigt den einen oder den andern Weg einzuschlagen. Im Jahr zweitausend sind sie mehr auf einem Irrweg als auf dem Weg der Erkenntnis. Die Menschen welche dem Jenseits nahestehen, erkennen das an ihrer besonderen Fähigkeit bei Begegnungen die Seele ihres Gegenübers zu erkennen.

Glossar

Charles Darvin's Evolutionstheorie geht davon aus, dass sich Lebewesen aufgrund natürlicher Auslese (Selektion) an ihre Umwelt anpassen. Diese Anpassung passiert dadurch, dass im Erbgut Veränderungen entstehen können, die bei besserer Anpassung an eine veränderte Umwelt das Überleben der Art begünstigen. Dieser Prozess dauert viele Generation. Jean Baptiste Lamarck's Evolutionstheorie besagt, jede Art von Lebewesen sei bestrebt, sich perfekt an ihre Umwelt anzupassen. Die so erworbenen Eigenschaften werden an die Nachkommen weitergegeben.

Eva Jablonka Heute wird unterschieden zwischen den beiden Einflüssen Genetik und Umwelt. Bei Jablonka sind es gar vier Faktoren. Einige Kritiker des Buches von Jablonka betweifeln die vier Ebenen. letztlich sei jede evolutionäre Veränderung auf die genetische Ebene zurückzuführen. Die anderen Ebenen mögen zwar Anpassungsprozesse beschleunigen, doch am Schluss komme es einzig auf die Gene an. Jablonka erachtet es als «viel zu simpel», alles auf die Gene einzuengen. Link: gen-ethisches-netzwerk.de/wissenschaftskritik/195/evolution-mehr-als-gene-und-zufall.

Danksagung

Ich danke meinem Freund und Helfer Patrik Hellmüller für seine allseitige Hilfe sowohl persönlich als auch mit seinem Fachwissen. Er war mir eine hervorragende Unterstützung.